S. FISCHER

WARSAN SHIRE

HAUS FEUER KÖRPER

Bless the Daughter Raised by a Voice in Her Head

Zweisprachige Ausgabe Englisch-Deutsch

GEDICHTE

Aus dem Englischen von Muna AnNisa Aikins,
Mirjam Nuenning und Hans Jürgen Balmes

Mit einem Nachwort von
Sharon Dodua Otoo

S. FISCHER

Deutsche Erstausgabe
Erschienen bei S. FISCHER
Die Originalausgabe erschien 2022 unter dem Titel »Bless the Daughter
Raised by a Voice in Her Head« bei Chatto & Windus, London, einem
Imprint von Vintage, Teil der Penguin Random House Group.

Satz: Daniela Schulz
Druck und Bindung: CPI books GmbH, Leck
Printed in Germany

ISBN 978-3-10-397106-4

For / Für
Samawado, Suban, Salma

I was an ugly child
You were an ugly child
We were ugly children.
— HIROMI ITŌ

    Ich war ein hässliches Kind
    Du warst ein hässliches Kind
    Wir waren hässliche Kinder.
    – HIROMI ITŌ

Hooyo ma joogto, kabaheeda qaadatay.
Your mother isn't home, she left the house and took her shoes.
— SOMALI CHILDREN'S LULLABY

    Hooyo ma joogto, kabaheeda qaadatay.
    Deine Mutter ist nicht zu Hause, sie hat es verlassen und
       nahm ihre Schuhe mit.
    – SOMALISCHES WIEGENLIED

CONTENT / Inhalt

WHAT DOESN'T KILL YOU
Was dich nicht umbringt

EXTREME GIRLHOOD

A loop, a girl born
to each family,
prelude to suffering.

Bless the baby girl,
caul of dissatisfaction,
patron saint of not
good enough.

Are you there, God?
It's me, Warsan.
Maladaptive daydreaming,
obsessive, dissociative.

Born to a lullaby
lamenting melanin,
newborn ears checked
for the first signs of colour.

At first I was afraid, I was petrified.

The child reads surahs each night
to veil her from il
protecting body and home
from intruders.

She wakes with a fright,
someone cutting the rope,
something creeping
deep inside her.

Extreme Mädchenzeit

Ein Kreislauf, ein Mädchen geboren,
in jede Familie,
Vorspiel des Leidens.

Segne das kleine Mädchen,
Fruchthülle des Unmuts,
Schutzpatronin des
Niemals-Genug.

Bist du da, Gott?
Ich bin's, Warsan.
Tagträume, fehlangepasst,
obsessiv, dissoziativ.

Geboren zu einem Wiegenlied,
einem Klagelied über das Melanin,
die Ohren des Neugeborenen auf erste Anzeichen
des Hauttons geprüft.

At first I was afraid, I was petrified.

Jeden Abend liest das Kind Suren,
um es vor Il zu verbergen,
um Körper und Heim
vor Eindringlingen zu schützen.

Erschrocken wacht sie auf,
jemand durchtrennt die Schnur,
etwas kriecht
tief in sie hinein.

Are you there, God?
It's me, the ugly one.

Bless the Type 4 child,
scalp massaged with the milk
of cruelty, cranium cursed,
crushed between adult knees,
drenched in pink lotion.

Everything you did to me,
I remember.

Mama, I made it
out of your home
alive, raised by
the voices
in my head.

Bist du da, Gott?
Ich bin's, die Hässliche.

Gesegnet sei das Kind mit Haartyp 4,
die Kopfhaut mit der Milch
der Grausamkeit massiert, der Schädel verflucht,
eingequetscht zwischen Erwachsenenknien,
getränkt in Pink Lotion.

Alles, was du mir angetan hast,
erinnere ich.

Mama, ich habe es lebend
aus deinem Haus
geschafft, großgezogen
von den Stimmen
in meinem Kopf.

MN

ASSIMILATION

We never unpacked,
dreaming in the wrong language,
carrying our mother's fears in our feet—
 if he raises his voice we will flee
 if he looks bored we will pack our bags
unable to excise the refugee from our hearts, unable to sleep
 through the night.

The refugee's heart has six chambers.
In the first is your mother's unpacked suitcase.
In the second, your father cries into his hands.
The third room is an immigration office,
your severed legs in the fourth,
in the fifth a uterus—yours?
The sixth opens with the right papers.

I can't get the refugee out of my body,
I bolt my body whenever I get the chance.
How many pills does it take to fall asleep?
How many to meet the dead?

The refugee's heart often grows
an outer layer. An assimilation.
It cocoons the organ. Those unable to grow the extra skin
die within the first six months in a host country.

At each and every checkpoint the refugee is asked
 are you human?

The refugee is sure it's still human but worries that overnight,
while it slept, there may have been a change in classification.

Anpassung

Wir packten unsere Koffer nie ganz aus,
träumten in der falschen Sprache,
trugen die Ängste unserer Mütter in unseren Füßen –
wenn er seine Stimme erhebt, fliehen wir
wenn er gelangweilt aussieht, packen wir unsere Taschen
unfähig, die Erfahrung der Flucht aus unseren Herzen zu
    verbannen, unfähig, nachts durchzuschlafen.

Das Herz der Geflüchteten hat sechs Kammern.
In der ersten befindet sich der ungepackte Koffer deiner Mutter.
In der zweiten schluchzt dein Vater in seine Hände.
Der dritte Raum ist eine Einwanderungsbehörde,
deine abgetrennten Beine befinden sich in der vierten,
in der fünften, eine Gebärmutter – deine?
Die sechste öffnet sich mit den richtigen Papieren.

Ich kriege die Flucht nicht aus meinem Körper,
ich versperre meinen Körper immer, wenn ich kann.
Wie viele Tabletten braucht es, um einzuschlafen?
Und wie viele, um bei den Toten zu sein?

Um das Herz der Geflüchteten bildet sich oft
eine äußere Schicht. Eine Anpassung.
Sie umhüllt das Organ. Wer diese Extrahaut nicht bilden kann,
stirbt innerhalb der ersten sechs Monate im Aufnahmeland.

Grenzübergang für Grenzübergang werden Geflüchtete gefragt,
                                            bist du Mensch?

Flüchtling ist sich sicher, noch Mensch zu sein, doch fürchtet,
die Klassifikation könnte sich über Nacht, während es schlief,
    geändert haben.

MN

MY LONELINESS IS KILLING ME

He smokes until he sees something
moving in the smoke, remembers
joy like blindness: swimming at Jazeera
Beach, gorging on belonging, barwaaqo,

iftiin. He remembers riding through Suuqa Bakaaraha
on a motorbike, held onto by women with hair
trailing behind them like black smoke.

It's raining in London again, Hassan
Aden Samatar sings from a small, sullen
cassette player in the corner of the room,
tonight no one knows you.

Cidlada ka atkow, Abti—be stronger than your loneliness
Uncle, steam rises from qaxwo bitter with tears, carefully
rolling tobacco the same colour as his hands.
He sings along. Alone this time, alone every time.

Meine Einsamkeit bringt mich um

Er raucht, bis er im Qualm etwas
sich regen sieht, erinnert
Freude wie Blindheit: schwimmt am Jazeera
Beach, den Schlund nie voll davon, dazuzugehören, barwaaqo,

iftiin. Er erinnert sich, wie er auf dem Motorrad
durch Suuqa Bakaaraha fuhr, umklammert von Frauen, deren Haar
wie schwarzer Rauch hinter ihnen herwehte.

In London regnet es wieder, in einem Winkel
des Zimmers singt Hassan Aden
Samatar aus dem kleinen, dumpfen Kassettenrecorder,
heute Nacht kennt dich niemand.

Cidlada ka atkow, Abti – sei stärker als deine Einsamkeit,
Onkel, bitter vor Tränen steigt vom qaxwo Dampf, vorsichtig
rollt er Tabak von der Farbe seiner Hände.
Er singt mit. Diesmal allein, immer allein.

HJB

HOME

No one leaves home unless home is the mouth of a shark. You only run for the border when you see the whole city running as well. The boy you went to school with, who kissed you dizzy behind the old tin factory, is holding a gun bigger than his body. You only leave home when home won't let you stay.

No one would leave home unless home chased you. It's not something you ever thought about doing, so when you did, you carried the anthem under your breath, waiting until the airport toilet to tear up the passport and swallow, each mournful mouthful making it clear you would not be going back.

No one puts their children in a boat, unless the water is safer than the land. No one would choose days and nights in the stomach of a truck, unless the miles travelled meant something more than journey.

No one would choose to crawl under fences, beaten until your shadow leaves, raped, forced off the boat because you are darker, drowned, sold, starved, shot at the border like a sick animal, pitied. No one would choose to make a refugee camp home for a year or two or ten, stripped and searched, finding prison everywhere. And if you were to survive, greeted on the other side—*Go home Blacks, dirty refugees, sucking our country dry of milk, dark with their hands out, smell strange, savage, look what they've done to their own countries, what will they do to ours?*

22

Zuhause

Niemand verlässt sein Zuhause, es sei denn Zuhause ist das Maul eines Haifischs. Du rennst nur Richtung Grenze, wenn du die ganze Stadt rennen siehst. Der Junge, mit dem du zur Schule gingst, der dich hinter der alten Dosenfabrik schwindelig geküsst hat, hält ein Gewehr in der Hand, das größer ist als er selbst. Du verlässt dein Zuhause nur, wenn Zuhause dich nicht bleiben lässt.

Niemand würde sein Zuhause verlassen, es sei denn Zuhause jagt dich davon. Du hast nie daran gedacht, es zu tun, als du es dennoch tust, trägst du die Hymne in deinen Atemzügen, und wartest bis zur Flughafentoilette, um den Pass zu zerreißen und hinunter zu schlucken, und jeder traurige Bissen macht dir bewusst, dass du nicht zurückkehren wirst.

Niemand setzt seine Kinder in ein Boot, es sei denn das Wasser ist sicherer als das Land. Niemand würde freiwillig Tage und Nächte im Bauch eines Lastwagens verbringen, es sei denn die zurückgelegten Meilen bedeuten mehr als nur eine Reise.

Niemand würde freiwillig unter Zäunen hindurchkriechen, geprügelt, bis dein Schatten dich verlässt, vergewaltigt, vom Boot gezwungen, weil du dunkler bist, ertränkt, verkauft, verhungert, an der Grenze erschossen wie ein krankes Tier, bemitleidet. Niemand würde freiwillig ein Geflüchtetenlager zum Zuhause machen, nicht für ein Jahr oder zwei oder zehn, entblößt und durchsucht, die Welt überall ein Gefängnis. Und falls du überleben solltest, würdest du auf der anderen Seite begrüßt werden mit – *Geht dorthin zurück, wo ihr herkommt, ihr Schwarzen, ihr dreckigen Flüchtlinge, ihr saugt unser Land aus, dunkel, mit ausgestreckten Händen, seltsam riechend, primitiv, schauen Sie sich doch an, was sie mit ihren eigenen Ländern gemacht haben, was werden sie dann erst mit unseren tun?*

The insults are easier to swallow than finding your child's body in the rubble.

I want to go home, but home is the mouth of a shark. Home is the barrel of a gun. No one would leave home unless home chased you to the shore. No one would leave home until home is a voice in your ear saying—*leave, run, now. I don't know what I've become.*

II

I don't know where I'm going. Where I came from is disappearing. I am unwelcome. My beauty is not beauty here. My body is burning with the shame of not belonging, my body is longing. I am the sin of memory and the absence of memory. I watch the news and my mouth becomes a sink full of blood. The lines, forms, people at the desks, calling cards, immigration officers, the looks on the street, the cold settling deep into my bones, the English classes at night, the distance I am from home. Alhamdulillah, all of this is better than the scent of a woman completely on fire, a truckload of men who look like my father—pulling out my teeth and nails. All these men between my legs, a gun, a promise, a lie, his name, his flag, his language, his manhood in my mouth.

Es ist leichter, die Beleidigungen zu schlucken, als den Körper deines Kindes unter dem Schutt zu finden.

Ich möchte zurück nach Hause, doch Zuhause ist das Maul eines Haifischs. Zuhause ist der Lauf eines Gewehres. Niemand verlässt sein Zuhause, es sei denn Zuhause jagt dich an die Küste. Niemand verlässt sein Zuhause bis Zuhause eine Stimme in deinem Ohr ist, die sagt – *geh, renn, jetzt. Ich weiß nicht, was aus mir geworden ist.*

II

Ich weiß nicht, wohin ich gehe. Wo ich herkomme, verschwindet. Ich bin nicht willkommen. Meine Schönheit ist hier keine Schönheit. Mein Körper brennt vor Scham, nicht dazuzugehören, mein Körper sehnt sich. Ich bin die Sünde der Erinnerung und die Abwesenheit von Erinnerung. Ich schaue die Nachrichten und mein Mund wird ein Waschbecken voll Blut. Die Warteschlangen, Formulare, Menschen hinter Schreibtischen, Telefonkarten, Einwanderungsbeamten, die Blicke auf den Straßen, die Kälte, die sich tief in meinen Knochen festsetzt, die Englischkurse am Abend, die Entfernung von zu Hause. Alhamdulillah, all das ist besser als der Geruch einer lodernd brennenden Frau, einer Wagenladung voller Männer, die wie mein Vater aussehen – und mir die Zähne und Nägel ausreißen. All diese Männer zwischen meinen Beinen, ein Gewehr, ein Versprechen, eine Lüge, sein Name, seine Flagge, seine Sprache, sein Geschlecht in meinem Mund.

MN

BLESS MAYMUUN'S MIND

Maymuun only just began her prescription of sertraline 6 weeks ago, 50 mg daily to be upped to 100 mg if she still can't live like this. Maymuun smells jasmine suddenly and then nothing. Maymuun dreams of things to come. Maymuun spits and steam rises from that spit. The doctor won't know about the voices or her hands raw from washing. She imagines she will die here, alone, far from home. May- muun calls family every month; salaams and confirmation of money order. Calling cards with images of leopards running through the Serengeti. A lone baobab tree, a single resting lion. The phone warms the side of her face like the sun. She listens to the clamouring voices, oh how blessed she is, how proud they are, how all their hopes depend on her, how walahi, all their dreams lie at her feet.

Segne Maymuuns Verstand

Maymuun hat erst vor 6 Wochen mit der Einnahme von Sertralin begonnen, 50 mg täglich, die auf 100 mg erhöht werden sollen, wenn sie so immer noch nicht leben kann. Maymuun riecht plötzlich Jasmin und dann nichts. Maymuun träumt von Dingen, die kommen. Maymuun spuckt und Dampf steigt von dem Speichel auf. Der Arzt wird nichts von den Stimmen wissen und auch nichts von ihren Händen, wund vom Waschen. Sie stellt sich vor, dass sie hier sterben wird, allein, weit weg von zu Hause. Maymuun ruft ihre Familie jeden Monat an; Salaams und bestätigt die Geldanweisung. Telefonkarten mit Bildern von Leoparden, die durch die Serengeti rennen. Ein einsamer Baobab-Baum, ein einzeln ruhender Löwe. Das Telefon wärmt ihr Gesicht wie die Sonne. Sie hört die fordernd lärmigen Stimmen, oh wie gesegnet sie ist, wie stolz sie sind, wie alle Hoffnungen an ihr hängen, wie, walahi, all ihre Träume zu ihren Füßen liegen.

MA

DAHABSHIIL SENDS BLESSINGS

She calls the dead, long-distance,
from a booth inside an Internet café,
coin-sized burns on both her wrists,
unable to imagine a life unbound
from statelessness or a soul untethered
from the Home Office. Indignity sits
slack-jawed with an indefinite leave
to remain, awaiting papers far into
the afterlife. Still, she promises
to send money.

Dahabshiil schickt Segen

Sie ruft die Toten an, Ferngespräch,
aus einer Kabine in einem Internetcafé,
mit münzgroßen Brandnarben an beiden Handgelenken,
unfähig sich ein Leben vorzustellen,
frei von Staatenlosigkeit, oder die Seele
losgelöst vom Innenministerium. Die Demütigung sitzt
mit offenem Mund, mit unbefristeter Aufenthaltsgenehmigung
und wartet bis zum Jenseits auf Papiere.
Und doch verspricht sie
Geld zu schicken.

MA

BLESS THE BULIMIC

Insolent youth, spent
on my knees, sleep deprived,
sick, forgive me my prayers
to the God of thin women,
Istagfirullah, Ya Allah of jutting
ribs, forgive me please,
famine back home.

Segne die Bulimie

Unverschämte Jugend, auf meinen
Knien verbracht, schlafberaubt,
krank, vergib mir meine Gebete
zum Gott der dünnen Frauen,
Istagfirullah, Ya Allah der vorstehenden
Rippen, vergib mir, bitte,
Hungersnot zu Haus.

HJB

BLESS THE GHOST

I

My mother transported it
on her skin, shroud
circling her skull, matter
under her nails.

Her gynaecologist thought
he saw something
between speculum and
cervix.

While she reads, it laps at her feet
like fire, she feels it sleeping
between them.

In the shower, it lathers her back
sometimes embracing her
from behind, weighing
her down.

She never meets its gaze,
thankful it keeps her warm.

Segen dem Gespenst

I

Meine Mutter trug es
auf ihrer Haut, das Leichentuch
um ihren Schädel, Zeug
unter ihren Nägeln.

Ihr Gynäkologe dachte
er sähe etwas
zwischen Spekulum und
Zervix.

Während sie liest, züngelt es
wie Feuer zu ihren Füßen, sie fühlt, wie es
zwischen ihnen schläft.

In der Dusche schäumt es ihr den Rücken
manchmal umarmt es sie
von hinten, zieht sie
nach unten.

Nie begegnet sie seinem Blick,
dankbar hält es sie warm.

II

Odour of unknown origin,
she washes her hair, smoke
of unseen fire—memory smuggled
deep inside dreams lush with grief,
stowed in her blood—an unrung bell,
an uncalled prayer, bless this child
born on sorrow's palm.

She recalls a time they worshipped
birds, kingdom of myrrh, damp
hands working her breast for lumps,
steam marbling her reflection.

To call her is to hear its wet breath
in the back, keeping track of the dead
children of Somalia, culled by war
and the white gloved hand of Europe.

She unfolds a small silk scarf,
to catch a tear, were it to fall
as dictators fall.

II

Geruch unbekannter Herkunft,
sie wäscht ihr Haar, Rauch
von unsichtbarem Feuer – Erinnerung tief
in Trauer gefüllte Träume geschmuggelt,
verstaut in ihrem Blut – eine ungeläutete Glocke,
ein ungerufenes Gebet, segne dieses Kind,
geboren auf der Handfläche des Kummers.

Sie erinnert sich an eine Zeit, in der sie Vögel
anbeteten, an ein Königreich aus Myrrhe, feuchte
Hände tasten ihre Brust nach Knoten ab,
Dampf marmorierte ihr Spiegelbild.

Sie anzurufen bedeutet den feuchten Atem
im Hintergrund zu hören, der den toten
Kindern Somalias folgt, ausgemerzt vom Krieg
und von der weiß behandschuhten Hand Europas.

Sie entfaltet einen kleinen Seidenschal,
um eine Träne aufzufangen, würde sie fallen
wie Diktatoren fallen.

MA

DROWNING IN DAWSON'S CREEK

Lately, the dreams have been different.
Something chasing me naked and blood-footed
through the woodland, something with strong arms
holding my head under cold creek water.

When the fishermen discover my carcass, the coroner
examining my corpse (bleached from submersion)
identifies my cadaver as Caucasian.

When I was twelve or thirteen and mad
with loneliness, I dreamed of white boys and
ladders leading to bedroom windows.
I dreamed all night of their scurrying, climbing
in and out of me.

For Pacey Witter I would hitchhike Capeside.
For his plaid embrace,
I was willing to disown myself.

*The remains of a murdered Somali woman were found in Lewis County, Washington
State, in 2010, and for a decade, her body was misidentified as Caucasian Jane Doe.*

Ertrinken in Dawson's Creek

Seit kurzem sind die Träume anders.
Etwas jagt mich, nackt, mit blutigen Füßen
durch den Wald, etwas mit starken Armen
hält meinen Kopf im kalten Bach unter Wasser.

Wenn die Angler meinen Leichnam entdecken, wird der Coroner
meine (unter Wasser gebleichte) Leiche untersuchen,
meinen Kadaver als »kaukasisch« identifizieren.

Mit zwölf oder dreizehn war ich verrückt
vor Einsamkeit, träumte von weißen Jungs und
Leitern, die an Schlafzimmerfenstern lehnten.
Die ganze Nacht träumte ich von ihrem Hin und Her, ihrem
Klettern, in mich hinein, aus mir heraus.

Für Pacey Witter wäre ich per Anhalter nach Capeside getrampt.
Für seine karierten Flanellumarmungen
hätte ich mich selbst verleugnet.

HJB

2010 wurden die sterblichen Überreste einer ermordeten Somalierin in Lewis County, Washington State, aufgefunden, ihr Körper wurde ein Jahrzehnt lang als der einer weißen Jane Doe falsch identifiziert.

BLESS THE QUMAYO

who upon hearing news of a girl
child, lit torches of contempt to welcome
us onto this planet, stalking us
through our mothers' birth canals,
ululating, born on the month of isku
xishood—*have some shame*—the goat
slit from ear to ear. God help those
who gossip on the phone after Maghrib,
tallying the sluts of the family, the
sainted sharmuto, guessing
whose hymen fizzes after dark,
pink fading to black, what shadow
cast from our flag of dishonour,
verily your life is brimming
with sorrow, we've witnessed
love slowly abandon you, still,
we pray you find healing, bitch.

Segne die Qumayo

jene, die bei Nachricht von einem Mädchen
Fackeln der Verachtung anzündeten,
um uns auf diesem Planeten zu begrüßen,
die uns durch die Geburtskanäle unserer Mütter verfolgten,
wehklagend, geboren im Monat isku
xishood – *schäm dich* – die Ziege
aufgeschlitzt von Ohr zu Ohr. Gott stehe denen bei,
die nach Maghrib am Telefon tratschen und
die Schlampen in der Familie aufzählen,
die geheiligte Sharmuto, erraten
wessen Jungfernhäutchen
nach Einbruch der Dunkelheit reißt,
von rosa zu schwarz verblasst, welchen Schatten
die Flagge unserer Schande wirft,
wahrlich, dein Leben ist voll Kummer, wir bezeugten
wie die Liebe dich langsam verließ, und doch,
beten wir, dass du Heilung findest, Drecksstück.

MA

LULLABY FOR FATHER

Soo bari, aabo, inside your dream
nests a devoted woman singing
a song you once heard, the words of which you

almost recall before she is beheaded.
Your children are distant galaxies emitting
light that keeps you up. Rest your body, aabo,
heavy with distention, dreams lost in translation,

dreams of drifting in space, the rings of Saturn
around the neck of Layla, dreams macerated
under grief 's gaze. Bless your drowsy blue slumber,
swayed by the patron saint of restlessness,

distilled in darkness, buoyed into sleep,
you hang on the edge of the moon, brown hands
dissolving like demerara, teeth loosen and float
out of your mouth like small bodies.

Wiegenlied für Vater

Soo bari, aabo, in deinem Traum
nistet eine treue Frau, singt
ein Lied, das du einst gehört hast, Worte, an die du dich

beinahe noch erinnerst, bevor sie enthauptet wird.
Deine Kinder sind ferne Galaxien, ihr Streulicht
hält dich wach. Gib deinem Körper, aabo, schwer geschunden,
Ruhe, Träume zwischen den Sprachen verloren,

Träume, im All zu schweben, die Ringe des Saturns
um den Hals von Layla, Träume im Blick
des Kummers glitschig. Segne deinen schläfrigen blauen Schlummer,
geschaukelt vom Schutzpatron der Rastlosigkeit,

im Dunkel destilliert, in den Schlaf gehoben,
hängst du an der Kante des Mondes, braune Hände
lösen sich auf wie Demerara-Zucker, Zähne fallen aus
und treiben als kleine Gestirne aus deinem Mund.

HJB

FILIAL CANNIBALISM

From time to time
mothers in the wild
devour their young,
an appetite born of
pure, bright need.
Occasionally,
mothers from ordinary
homes, much like our
own, feed on the viscid
shame their daughters
are forced to secrete
from glands formed
in the favour of men.

Kindlicher Kannibalismus

In der Wildnis
verschlingen manchmal
Mütter ihre Jungen,
ein Appetit, entstanden
aus reiner, greller Not.
Gelegentlich
nähren sich Mütter aus
gewöhnlichem Haus,
unserem gleich, von
zähflüssiger Scham, unter Zwang
hervorgepresst von ihren Töchtern
aus Drüsen, die es nur
für die Gunst der Männer gibt.

HJB

BLESS YOUR UGLY DAUGHTER

She knows loss intimately.
A child relatives avoided,
felt like splintered wood, smelled
of sea water, she reminded them
of thirst, of war.

As an infant forced to gargle rosewater,
smoked in uunsi to purify her of whatever
unclean thing she inherited.

Your daughter is covered in it.
Her teeth are small colonies,
her stomach is an island,
her thighs are borders.

So few will want to lay down
and watch the world burn
from their bedroom.

Your daughter's face is a small riot,
her hands are a civil war,
she has a refugee camp tucked
behind each ear, her body is a body littered
with ugly things

but God,
doesn't she wear
the world well.

Gesegnet sei deine hässliche Tochter

Sie kennt sich aus mit Verlust.
Ein Kind, das die Verwandten mieden,
das sich wie zersplittertes Holz anfühlte, nach
Meereswasser roch, sie an Durst
und Krieg erinnerte.

Als Baby den Mund unter Zwang mit Rosenwasser ausgespült,
Räucherung mit Uunsi, zur Tilgung jedweder
ererbten Unreinheit.

Deine Tochter ist übersät davon.
Ihre Zähne sind kleine Kolonien,
ihr Bauch eine Insel,
ihre Schenkel Grenzen.

Nur wenige werden zu Bett gehen wollen,
um die Welt von ihrem Schlafzimmer aus
brennen zu sehen.

Das Gesicht deiner Tochter ist eine kleine Revolte,
ihre Hände sind ein Bürgerkrieg,
hinter jedem Ohr
verbirgt sich ein Geflüchtetenlager, ihr Körper ist übersät
mit hässlichen Dingen,

doch bei Gott,
steht ihr die Welt
nicht gut.

MN

THIS IS NOT A LOVE SONG
Das ist kein Liebeslied

MIDNIGHT IN THE FOREIGN FOOD AISLE

Dear Uncle, is everything you love foreign
or are you foreign to everything you love?
We're all animals and the body wants what
it wants, trust me, I know. The blonde said
*Come in, love, take off your coat, what do
you want to drink?*

Love is not haram but after years of fucking
women who are unable to pronounce your name,
you find yourself totally alone, in the foreign
food aisle, beside the turmeric and saffron,
remembering your mother's warm, dark hands,
prostrating in front of the halal meat, praying in a
language you haven't used in years.

Mitternacht im Gang für ausländische Lebensmittel

Lieber Onkel, ist alles, was du liebst, hier fremd
oder bist du hier fremd für alles, was du liebst?
Wir alle sind Tiere, und der Körper will,
was er will, glaub mir, ich weiß. Die Blonde sagte,
Komm rein, Süßer, leg den Mantel ab, was
willst du trinken?

Liebe ist nicht haram, aber nach Jahren des Rumvögelns
mit Frauen, die die Aussprache deines Namens nicht beherrschen,
findest du dich vollkommen allein im Gang für ausländische
Lebensmittel wieder, zwischen Kurkuma und Safran,
du erinnerst dich an die warmen, dunklen Hände deiner Mutter,
wirfst dich vor dem Halal-Fleisch nieder und betest
in einer Sprache, die du seit Jahren nicht mehr benutzt.

HJB / CM

49

ARE YOU AFRAID OF THE DARK?

My mother is an olm
born without eyes
thriving in the dark
rare and translucent
sustained by so little.

Hast du Angst im Dunkeln?

Meine Mutter ist ein Olm
geboren ohne Augen
blühend im Dunkeln
rar und durchscheinend
erhalten von so wenig.

MA

PHOTOGRAPHS OF HOOYO
(HARLESDEN, 1990–2000)

1990

Hooyo exiting her
bedroom, tears in
her eyes, sorrow in her
colostrum, her real name
hiding from the government
in the plumes of uunsi smoke
behind her.

1993

Hooyo in the kitchen,
head bent in front of
her own personal Kaaba,
feverishly repeating *ameen*
in every pause, playing cassettes
sent from back home, ayeeyo's
grainy voice reciting duaa.

1994

Hooyo in the living room,
wearing a banana print diraac
singing her own raspy rendition
of Tracy Chapman's ›Mountains
O' Things‹—*justadi obadi one time.*
Olive oil in her Bantu knots, henna
drying on her hands.

Fotografien von Hooyo
(Harlesden, 1990–2000)

1990

Hooyo verlässt ihr
Schlafzimmer, Tränen
in den Augen, Trauer in ihrem
Kolostrum, ihr richtiger Name
bleibt den Behörden verborgen
in Rauchwolken aus Uunsi,
die ihr folgen.

1993

Hooyo in der Küche,
den Kopf vor ihrer
privaten Kaaba gesenkt,
fieberhaft wiederholt sie *ameen*
in jeder Pause, spielt aus der Heimat
geschickte Kassetten, Ayeeyos
körnige Stimme rezitiert duaa.

1994

Hooyo im Wohnzimmer,
sie trägt einen Diraac mit Bananenmuster,
singt ihre eigene raue Version
von Tracy Chapmans »Mountains
O' Things« – *justadi obadi one time.*
Olivenöl in ihren Bantu-knots, Henna
trocknet auf ihren Händen.

1998

Hooyo standing under the apple
tree in my aunt's garden, her hair
cut short, wearing a cream trouser
suit and six small hoops in each ear,
she is looking up at the sky, overlined
lips slightly open.

2000

Hooyo in bed, holding negatives up
to the light, squinting at undeveloped ghosts,
names of the dead thrown behind her
like salt, her atrophied youth in storage,
mumbling Magool under her breath,
war flaying Somalia alive.

1998

Hooyo steht unter dem Apfelbaum
im Garten meiner Tante, ihr Haar kurz-
geschnitten, sie trägt einen cremefarbenen
Hosenanzug und in jedem Ohr sechs schmale
Ringe, sie schaut hoch in den Himmel, die
umrandeten Lippen leicht geöffnet.

2000

Hooyo im Bett, sie hält Negative
ins Licht, blinzelt auf unentwickelte Gespenster,
Namen von Toten hinter sich geworfen
wie Salz, ihre verdorrte Jugend gespeichert,
sie murmelt flüsternd Magool,
der Krieg häutet Somalia bei lebendigem Leib.

HJB

BLESS THE CAMELS

Bless those rare visits with father
in that halfway home shared with bereft men,
faint with the sweet, unsaintly scent of mildew.

At night, the Lord's lonely moon sliced through the room
illuminating our small faces, held captive to spinning stories,
his voice almost sonar, crackling deep in our chests.

We slept peacefully, after blessing the village he was born in,
the camels he slept beside, the deserts he wandered,
the stars he laid beneath, the hyenas' laughter in the wind,
son of a nomad, we slept peacefully after blessing him.

Segne die Kamele

Gesegnet seien die seltenen Besuche bei Vater
in jenem Heim, unter verlassenen Männern,
ein Hauch von süßem, unheiligem Geruch von Schimmel.

Nachts fiel der einsame Mond des Herrn durch den Raum
beleuchtete unsere kleinen Gesichter, gefesselt von erfundenen
   Geschichten,
seine Stimme fast sonar, tief in unserer Brust knisternd.

Wir schliefen friedlich, nachdem wir das Dorf gesegnet hatten,
   in dem er geboren wurde,
die Kamele, neben denen er schlief, die Wüsten, die er
   durchwanderte,
die Sterne, unter denen er lag, das Lachen der Hyänen im Wind,
Sohn eines Nomaden, wir schliefen friedlich, nachdem wir
   ihn segneten.

MA

GLITTER ON THE MOUTH OF BOYS

The girls watch from beyond the glass as the boys ride BMX bikes like God
flicked them with God's middle finger. Front wheel in the air, a salute.

Rage ferments like camel milk, rage appears like mist. The girls hang
their torsos out of windows, watching boys skinning gold teeth, gleaming

24kt. Bless the glitter on the mouth of boys. Bless their dilated eyes.
Bless their topless bodies, smelling like outside. Bless

the soft interior of boys, velvet darkness expanding,
fading into smoke.

Glitzern im Mund der Jungs

Durch Glas beobachten die Mädchen die Jungs auf ihren BMX-Rädern,
  die fahren, als hätte Gott selbst
sie mit dem Mittelfinger angeschnippst. Das Vorderrad in der Luft zum
  Salut.

Wut gärt wie Kamelmilch, Wut tritt auf wie Nebel. Die Mädchen hängen
ihre Körper aus den Fenstern, sehen die Jungs Goldzähne entblößen,
  glitzernde

24 Karat. Segne das Glitzern im Mund der Jungs. Segne ihre aufgerissenen
  Augen.
Segne ihre nackten Oberkörper, die nach Draußen riechen. Segne

ihr weiches Inneres, samtig sich ausdehnendes Dunkel,
löst sich auf in Rauch.

HJB

UNBEARABLE WEIGHT OF STAYING

I don't know when love became elusive.
My mother's laughter in a dark room.

What I know is that no one I knew had it.
My father's arms around my mother's neck.

A door halfway open.
Fruit too ripe to eat.

Unerträglich die Last zu bleiben

Ich weiß nicht, ab wann die Liebe flüchtig wurde.
In einem dunklem Raum das Lachen meiner Mutter.

Aber ich weiß, dass niemand, den ich kannte, sie je besaß.
Die Arme meines Vaters um den Hals meiner Mutter.

Eine halboffene Tür.
Obst, überreif, nicht zum Verzehr.

HJB

ABSOLUTELY FABULOUS

Chain-smoking under ill-formed
halos. Dark areolas blinking under
leopard print diraac. Car crash
of a life; a car outside with the engine
running.

Memories reach out of walls
dragging her by the hair. Baati
caught on door handles, pulling
her through time. At night her silk scarf
slips around her neck like a noose.

Bless her companions, their unhinged dreams
of luxury. Gazelles teetering in heels, careening
into mania. Diets of excess, deep allegiance
to the adage ›*If you don't laugh, you'll cry.*‹
And they laugh so hard they weep.

Absolut fabelhaft

Kettenrauchen unter verformten
Heiligenscheinen. Dunkle Warzenhöfe blinzeln
unter dem Leopardenmuster-Diraac. Ein Leben wie ein
Verkehrsunfall; draußen ein Auto
mit laufendem Motor.

Erinnerungen greifen aus den Wänden
und zerren sie am Haar. Baati
verfängt sich an Türgriffen und zieht
sie durch die Zeit. Nachts rutscht ihr Seidenschal
um ihren Hals wie eine Schlinge.

Gesegnet seien ihre Gefährtinnen, ihre verwirrten Träume
von Luxus. Gazellen, die auf Absätzen taumeln,
sich in den Wahnsinn stürzen. Diäten des Exzesses,
tief ergeben dem Sprichwort »*Wer nicht lacht, der wird weinen*«.
Und sie lachen so sehr, dass sie schluchzen.

MA

HOOYO FULL OF GRACE

Paradise lies under the feet of your mother.
—Prophet Mohammed (Peace be upon him)

Goddess of absence, Holy Mother,
  Our Lady of Leaving Children
With Strangers, patron saint of

the babies will raise themselves.
  Our distant orb, our cold womb.
Breastmilk of our discontent.

Infants swaddled in blood, the bees
  bring messages of postpartum grief.
Your girlhood an incubation for madness.

Under your feet, the trapdoor to heaven
  opens its mouth, its teeth
grazing your toes.

Hooyo voll der Gnade

Das Paradies liegt unter den Füßen deiner Mutter.
—Prophet Mohammed (Frieden sei auf ihm)

Göttin der Abwesenheit, heilige Mutter,
  Unsere Herrin vom Zurücklassen der Kinder
Bei Fremden, Schutzpatronin von

die Babys werden sich selbst großziehen.
  Unsere fernen Himmelskörper, unser kalter Mutterleib.
Muttermilch unserer Unzufriedenheit.

Säuglinge in Blut gewickelt, Bienen
  bringen Botschaften postpartalen Kummers.
Deine Mädchenzeit ein Ausbrüten des Wahnsinns.

Unter deinen Füßen öffnet die Falltür zum Himmel
  ihren Mund, ihre Zähne
streifen deine Zehen.

MA

MY FATHER, THE ASTRONAUT

If the moon was Europe, my father was an astronaut who died on
   his way to the moon.
My father, the failed moonwalker, blinded by space. My father, the
   Black cosmonaut, frenzied
by thirst. My father who heard the voice of God, clear as the call to
   prayer, suspended in that dark desert.
My father who wore a spacesuit slashed by longing, spinning
   towards the vast desolate.
On a night when the angels have drawn back their wings, you may
   glimpse my father
hurtling through space, his body carried by gravity's absence, blood
   collecting in his head,
his tears pink, gelatinous clots, unable to fall.

Mein Vater, der Astronaut

Wenn Europa der Mond war, dann war mein Vater ein Astronaut,
    der auf dem Weg zum Mond starb.
Mein Vater, der gescheiterte Mondtänzer, geblendet vom Weltall.
    Mein Vater, der Schwarze Kosmonaut, wahnsinnig
vor Durst. Mein Vater, der die Stimme Gottes hörte, so klar, wie den
    Ruf zum Gebet, schwebend, in dieser dunklen Wüste.
Mein Vater, dessen Raumanzug von Sehnsucht aufgeschlitzt wurde,
    schleuderte der gewaltigen Leere entgegen.
In einer Nacht, wenn die Engel ihre Flügel zurückgefaltet haben,
    könntest du einen Blick auf meinen Vater erhaschen,
wie er durch den Weltraum wirbelt, sein Körper getragen von der
    ausgesetzten Schwerkraft, Blut sammelt sich in seinem Kopf,
seine Tränen pinke, gallertartige Gerinnsel, die nicht fallen wollen.

MN

SAINT HOOYO

Hooyo with a beauty mark
above her lip, qibla,
Hooyo dyes her hair in the sink.
Hooyo knows someone's been watching
porn on the family computer.
Hooyo doesn't call your bluff.
Hooyo saw you climb out of that man's car last night.
Hooyo found your stash.
Hooyo sees you sinking, swimming with the orcas.
Hooyo prays for your salvation.
Hooyo understands your stump of a tongue.
Hooyo saw the blood.

Hooyo, patron saint of
  my children have different passports to me.
Hooyo, blessed saint of
  raising them too far from home.

  I don't recognise my own children
    they speak and dream in the wrong language
      as much as I understand
        it may as well be the language of birds.

Sankt Hooyo

Hooyo mit dem Schönheitsmal
über den Lippen, Qibla,
Hooyo färbt ihr Haar im Spülbecken.
Hooyo weiß, dass jemand
Pornos auf dem Familiencomputer geschaut hat.
Hooyo durchschaut dich und schweigt.
Hooyo sah dich gestern Nacht aus seinem Auto steigen.
Hooyo hat deinen geheimen Vorrat entdeckt.
Hooyo sieht dich sinken, mit den Killerwalen schwimmen.
Hooyo betet für deine Erlösung.
Hooyo versteht deine verstümmelte Zunge.
Hooyo hat das Blut gesehen.

Hooyo, Schutzpatronin von
    meine Kinder haben andere Pässe als ich.
Hooyo, gesegnete Heilige von
    sie viel zu weit weg von Zuhause aufziehen.

Ich erkenne meine eigenen Kinder nicht wieder
    sie sprechen und träumen in der falschen Sprache
        was mich betrifft,
            könnten sie ebenso gut die Sprache der Vögel sprechen.

MN

BLESS OUR
CCTV STAR

Ma'am / is that your brother /
being breastfed / by hooded
goons / are those your brother's
teeth / caught on speed cameras /
eroding in real time / is that your
brother's face / marred by pixelation /
you say you're able to recognise
him / from any distance / and from this distance
you say the figures appeared to be /
swaying / under the moon's cordial light? /
And you say one of those dark
figures / may have been Azrael /
with his scythe tucked / under his
chin / like a violin / and the notes
he played / you say you already
heard in a dream?

In Islam, Azrael is the angel of death who separates souls from their bodies.

Gesegnet sei unser
Videoüberwachungs-Star

Ma'am / ist das Ihr Bruder /
gesäugt / von vermummten
Gangstern / sind dies die Zähne
Ihres Bruders / erwischt von der Radarkamera /
die in Echtzeit zerfallen / ist dies das
Gesicht Ihres Bruders / verpixelt, verzerrt /
Sie sagten, dass Sie ihn aus jeder Entfernung /
erkennen können / und aus dieser Entfernung
sagen Sie, die Gestalten sahen aus, als
wankten sie / unter dem freundlichen Licht des Mondes? /
Und Sie sagten, eine der dunklen
Gestalten / könnte Azrael gewesen sein /
seine Sense / unters Kinn geklemmt /
wie eine Violine / und Sie sagen, die Noten,
die er spielte / haben Sie bereits
im Traum gehört?

MN

Im Islam ist Azrael der Engel des Todes, der die Seelen vom Körper trennt.

JOYRIDE

In your sleeping mother's car,
warm as cattle, you and your mates
huddle in ill light, to her heartbreak.

Bless the mandem, stunted children
squinting, overexposed, silver
teeth catching each glint, smoke

weeping from dark, perfect lips.
Your tired mother turns in her veneer
of sleep, dreaming in the scent of jasmine.

Speed cameras track your escape from tunnels
of youth. An animal standing on hind legs
pretending to understand why it must die.

The flashlight taps the window.

Spritztour

Im Auto deiner schlafenden Mutter
du und deine Kumpels, warm wie Rinder
im schwachen Licht zusammengekauert, ihr bricht das Herz.

Segne die Crew, verstörte Kinder
blinzeln, überbelichtet, silbrig
fangen Zähne jeden Schimmer auf, Rauch

wimmert aus dem Dunkel, perfekte Lippen.
Deine müde Mutter dreht sich in ihrem Furnier
aus Schlaf, sie träumt im Duft des Jasmins.

Radarkameras verfolgen eure Flucht aus den Tunneln
der Jugend. Ein auf die Hinterläufe hochgerecktes Tier
tut so, als ob es wüsste, warum es sterben muss.

Die Stablampe klopft ans Fenster.

HJB

BACKWARDS

The poem can start with him walking backwards into a room.
He takes off his jacket and sits down for the rest of his life,
that's how we bring Dad back.
I can make the blood run back up my nose, ants rushing into a hole.
We grow into smaller bodies, my breasts disappear,
your cheeks soften, teeth sink back into gums.
I can make us loved, just say the word.
Give them stumps for hands if even once they touched us without
    consent,
I can write the poem and make it disappear.
Step-dad spits liquor back into glass,
Mum's body rolls back up the stairs, the bone pops back into place,
maybe she keeps the baby.
Maybe we're okay, kid?
I'll rewrite this whole life and this time there'll be so much love,
you won't be able to see beyond it.

You won't be able to see beyond it,
I'll rewrite this whole life and this time there'll be so much love.
Maybe we're okay, kid,
maybe she keeps the baby.
Mum's body rolls back up the stairs, the bone pops back into place,
Step-dad spits liquor back into glass.
I can write the poem and make it disappear,
give them stumps for hands if even once they touched us without
    consent,
I can make us loved, just say the word.
Your cheeks soften, teeth sink back into gums,

Rückwärts

Das Gedicht kann damit beginnen, dass er rückwärts in ein Zimmer tritt.
Er legt die Jacke ab und setzt sich für den Rest seines Lebens zur Ruhe,
so bringen wir Vater zurück.
Ich kann das Blut wieder in meine Nase zurücklaufen lassen, die Ameisen in
    ihr Loch.
Wir wachsen hinein in kleinere Körper, meine Brüste verschwinden,
deine Wangen werden zarter, die Zähne versinken im Kiefer.
Ich kann dafür sorgen, dass man uns liebt, sag nur das Wort.
Wenn sie uns nur ein einziges Mal ohne unsere Zustimmung berührten, mach
    ich ihre Hände zu Stümpfen,
ich kann das Gedicht niederschreiben und es zum Verschwinden bringen.
Stiefvater spuckt den Schnaps zurück ins Glas,
Mamas Körper rollt die Treppe hinauf, der Knochen springt zurück ins Gelenk,
vielleicht behält sie das Baby.
Vielleicht geht's uns gut, Kind?
Ich werde dieses ganze Leben neu schreiben und dieses Mal wird es so viel
    Liebe geben,
du kannst gar nichts anderes mehr sehen.

Du kannst gar nichts anderes mehr sehen,
ich werde dieses ganze Leben neu schreiben und dieses Mal wird es so viel
    Liebe geben.
Vielleicht geht's uns gut, Kind,
vielleicht behält sie das Baby.
Mamas Körper rollt die Treppe hinauf, der Knochen springt zurück ins Gelenk,
Stiefvater spuckt den Schnaps zurück ins Glas.
Ich kann das Gedicht niederschreiben und es zum Verschwinden bringen,
wenn sie uns nur ein einziges Mal ohne unsere Zustimmung berührten, mach
    ich ihre Hände zu Stümpfen,
Ich kann dafür sorgen, dass man uns liebt, sprich nur das Wort.
Deine Wangen werden zarter, die Zähne versinken im Kiefer,

we grow into smaller bodies, my breasts disappear.
I can make the blood run back up my nose, ants rushing into a hole,
that's how we bring Dad back.
He takes off his jacket and sits down for the rest of his life.
The poem can start with him walking backwards into a room.

wir wachsen hinein in kleinere Körper, meine Brüste verschwinden.
Ich kann das Blut wieder in meine Nase zurücklaufen lassen, die
    Ameisen in ihr Loch,
so bringen wir Vater zurück.
Er legt die Jacke ab und setzt sich für den Rest seines Lebens zur Ruhe.
Das Gedicht kann damit beginnen, dass er rückwärts in ein Zimmer tritt.

HJB

BLESS THE REAL HOUSEWIFE

Blessed be those who sit and wait
so hooyo sits, waiting for him to die.

Calcifying her one human body, staying
for the sake of the kids, then staying
for the sake of staying, enduring,
abstaining, waiting for the angel of death.

She explains how much harder it is to leave
the second marriage, that she doesn't want to
raise children the way she had to raise us,
and *What would people say?*

I ask *What if you die while you're waiting?*

In a recurring dream,
the one where she's driving alone at dawn
along a dirt road, passing by grazing camels,
her braid coming loose in the breeze, the sun
lifting its skirt, a peaceful Somalia in her rearview.
She thinks of this, and laughs.

Segne die wahre Hausfrau

Gesegnet seien die, die sitzen und warten
so sitzt Hooyo und wartet, dass er stirbt.

Sie versteinert ihren einen menschlichen Körper,
bleibt um der Kinder willen, dann
um des Bleibens willen, erleidend,
sich enthaltend, auf den Todesengel wartend.

Sie erklärt, wie viel schwieriger es ist, die zweite Ehe zu verlassen,
dass sie Kinder nicht so erziehen will,
wie sie uns erziehen musste,
und *Was würden die Leute sagen?*

Ich frage: *Was, wenn du stirbst, während du wartest?*

In einem wiederkehrenden Traum,
jener, in dem sie im Morgengrauen allein
über einen Feldweg, vorbei an grasenden Kamelen fährt,
löst sich ihr Zopf in der Brise, die Sonne hebt ihren Rock,
ein friedliches Somalia in ihrem Rückspiegel.
Wenn sie daran denkt, muss sie lachen.

MA

ARE YOU THERE, GOD?
Bist du da, Gott?

HOOYO ISN'T HOME
AFTER IDRA NOVEY

When we were 5, 6 or 7.
When the war back home wouldn't end.
While our mothers were sleeping.
While our milk teeth were forced down our gullets.
Before Israfil puckered his lips and let out a breath.
Before areolas spread like ink.
Beyond the soft insides of dates.
Beyond the mirror, something watches.
After it crawled into your bedroom on its haunches.
After you tore out most of your hair.
As our mothers take us to exorcists.
As tentacles slide out from beneath our skirts.
While the statistics show 1 in 3 girls, 1 in 5 boys.
While the holy man douses us with tahlil.
When the body remembers, it bucks wildly.
When we try to heal, the phantom smell returns.
While in the shower, you break down.
While you wash your body you realise it is not your body.
And at the same time, it is the only body you have.

Hooyo ist nicht zu Hause

NACH IDRA NOVEY

Als wir 5, 6 oder 7 Jahre alt waren.
Als der Krieg zu Hause nicht enden wollte.
Während unsere Mütter schliefen.
Während uns die Milchzähne die Speiseröhre runtergepresst wurden.
Bevor Israfil seine Lippen verzog und einen Atemzug ausstieß.
Bevor sich Warzenhöfe wie Tinte verliefen.
Jenseits der weichen Innenseiten der Datteln.
Jenseits des Spiegels wacht etwas.
Nachdem es auf seinen Lenden in dein Schlafzimmer gekrochen ist.
Nachdem du dir beinahe das ganze Haar ausgerissen hast.
Wenn unsere Mütter uns zu Exorzisten bringen.
Wenn Tentakel unter unseren Röcken herausgleiten.
Während die Statistik 1 von 3 Mädchen und 1 unter 5 Jungen zeigt.
Während der heilige Mann uns mit Tahlil übergießt.
Wenn der Körper sich erinnert, bockt er wie wild.
Wenn wir versuchen, zu heilen, kehrt der Phantomgeruch zurück.
Während du unter der Dusche stehst, brichst du zusammen.
Während du deinen Körper wäschst, merkst du, dass es nicht dein Körper ist.
Und gleichzeitig ist es der einzige Körper, den du hast.

MA

THE ABUBAKR GIRLS
ARE DIFFERENT

The summer the Abubakr girls return home, we sit
  in a circle by the apple tree
    in their mother's garden.

All five of them seem older. Amel's hardened nipples push
  through the paisley of her blouse, minarets
    calling men to worship.

Daughter is synonymous with traitor,
  their father mutters
    in his sleep.

Before they left, we were the same, our bird chests clinking,
  long skirted-figurines waiting to grow
    into our hunger.

One of them pushes my open knees closed. *Sit like a girl.*
  I finger the hole in my shorts,
    shame warming my skin.

Juwariyah, my age, leans in and whispers
  I started my period.

Her hair is in my mouth when I try to move in closer,
  How did it feel?

Die Abubakr Mädchen sind anders

In dem Sommer, als die Abubakr Mädchen nach Hause zurückkehren,
   sitzen wir im Kreis um den Apfelbaum
      im Garten ihrer Mutter.

Alle fünf von ihnen wirken älter. Amels gehärtete Nippel
   zeichnen sich unter ihrer Paisley-Bluse ab, Minarette,
      die Männer zum Gebet rufen.

Tochter steht synonym für Verräterin,
   murmelt ihr Vater
      im Schlaf.

Bevor sie fortgingen, waren wir gleich, unsere Hühnerbrüste klirrten,
   Figuren in langen Röcken, die darauf warteten
      in unseren Hunger hineinzuwachsen.

Die eine drückt meine geöffneten Knie zusammen. *Sitz wie ein Mädchen.*
Ich bohre mit dem Finger im Loch meiner kurzen Hose,
   Scham wärmt meine Haut.

Juwariyah, gleichalt, beugt sich zu mir und flüstert
   Ich habe meine Periode bekommen.

Ihr Haar ist in meinem Mund, als ich versuche näher zu rücken
   Wie hat es sich angefühlt?

After the procedure, the girls learn how to walk again, mermaids
    with new legs, soft knees buckling under
        their raw, sinless bodies.

We lie in bed beside each other, holding mirrors
    to the mouths of our skirts,
        comparing wounds.

Nach dem Eingriff lernen die Mädchen wieder zu laufen, Meerjungfrauen
mit neuen Beinen, mit weichen Knien, die einknicken unter
ihren wunden, sündenfreien Körpern.

Wir liegen nebeneinander im Bett, halten Spiegel
an die Öffnung unserer Röcke,
vergleichen unsere Wunden.

MN

BLESS THIS SCHOOL FOR GIRLS

Falis taught us more about our bodies
than we'd ever glean from the curriculum;
periods, uterus contractions, early symptoms
of cysts, signs of infertility, abortions and where
they were punishable by death, miscarriage—
how long it took to pass the clots and why
you shouldn't flush as a reflex. Our lady of red
rags—bless her—no one ever thought to ask
how or why she knew these things.

Gesegnet sei diese Schule für Mädchen

Falis hat uns mehr über unsere Körper gelehrt,
als das Curriculum es je hergab;
Regelblutungen, Gebärmutterkontraktionen, frühe Symptome
von Zysten, Anzeichen für Unfruchtbarkeit, Abtreibungen und wo
diese der Todesstrafe unterliegen, Fehlgeburt –
wie lang es dauert, bis die Blutklumpen abgehen und warum
du sie nicht aus einem Reflex heraus wegspülen solltest. Gesegnet
sei sie – unsere Dame der roten Tücher –
niemand ist je auf die Idee gekommen zu fragen,
wie oder warum sie all diese Dinge wusste.

MN

BLESS HOOYO'S KOHL-RIMMED EYES

We were obsessed, in orbit, gazing
as she ground galena into dust, rimming
her eyes with darkness, no reflective
surface necessary, Allah guiding her hand
steady as the dead. We spent our youth
watching her drag stibnite through pink
flesh of lacrimal papilla, our tearless wonder,
standing over uunsi with legs parted,
smoke at her ankles. At school we'd
mimic, pouting, lining our bright eyes with borrowed
4B pencils. The boys would see us and whisper *Witch*
to which our heads would tip, like synchronised
swimmers, cackling as our uvulas fluttered.

Segne Hooyos Kajal-umrandete Augen

Wir in der Umlaufbahn starrten besessen,
wie sie Antimonglanz zu Staub zerrieb, ihre Augen
mit Dunkelheit umrandete, keine spiegelnde
Fläche war nötig dazu. Allah führte ihr die Hand,
fest wie die Toten. Wir verbrachten unsere Jugend
mit dem Beobachten, wie sie Stibnit entlang des rosa
Fleisches der Tränenpapille zog, unser tränenloses
Wunder, das mit gespreizten Beinen über dem Uunsi stand,
um ihre Fußknöchel Rauch. In der Schule machten wir es nach,
mit Schmollmund umrandeten wir unsere leuchtenden Augen
mit geborgten Bleistiften in 4B. Die Jungs konnten uns sehen und
    flüsterten *Hexe,*
wobei wir unsere Köpfe wie Synchronschwimmerinnen zur Seite
    neigten,
gackernd mit flatternden Gaumenzäpfchen.

HJB

BLESS THE SHARMUTO

My sister soaps between her legs, her hair a prayer of curls.
It's 4 a. m. and she winks at me, bending over the sink,
small breasts bruised from sucking, gap-tooth smile,
popping her gum before saying—*don't forget,*

boys are haram.

Some nights we hear her in her room screaming.
The adults play Surah Al Baqarah to drown her out.
Anything that leaves her mouth sounds like sex,
our mother has banned her from saying God's name.

Segne die Sharmuto

Meine Schwester wäscht sich zwischen den Beinen, ihre Haare ein
   Gebet aus Locken.
Es ist 4 Uhr morgens und sie zwinkert mir zu, beugt sich über das
   Waschbecken,
die kleinen Brüste wund vom Saugen, Zahnlücken-Lächeln,
lässt ihr Kaugummi platzen, bevor sie sagt – *vergiss nicht,*

Jungs sind haram.

In manchen Nächten hören wir sie in ihrem Zimmer schreien.
Die Erwachsenen spielen Surah Al Baqarah, um sie zu übertönen.
Alles aus ihrem Mund klingt wie Sex,
unsere Mutter hat ihr verboten, Gottes Namen zu sagen.

MA

BLESS THE MOON

Forgive us, we blamed you
for floods, for the flush of blood,
for men who are also wolves, even
though you could pull the tide in
by her hair, we tell everyone
we walked all over you. We
blame you for the dark, as if you had
a choice, performing just beyond
the glass, distant and adored,
near but alone, cold and unimaginable
following us home. We use you
to see our blue bodies beneath
your damp light, we let you watch,
swollen against the glass as we move
against one another like fish.

Segne den Mond

Vergib uns, wir gaben dir die Schuld
für die Fluten, für den Blutrausch,
für Männer, die auch Wölfe sind, obwohl
du die Gezeiten an ihren Haaren herbeiziehen
könntest, sagen wir jedem,
wir sind auf dir gelaufen. Wir
geben dir die Schuld für die Dunkelheit,
als hättest du eine Wahl, bewegst dich hinter
Glas, entfernt und verehrt,
nah doch allein, kalt und unvorstellbar,
folgst du uns nach Hause, wir brauchen dich,
um unsere blauen Körper zu erkennen,
unter deinem feuchten Licht, wir lassen dich zuschauen,
während wir, an Glas gepresst, uns
gegeneinander bewegen wie Fische.

MA

THE BABY-SITTERS CLUB

To be baptised Tiffany,
Kimberly, a child dreaming
in the language of white suburbia,
praying at Clarissa's wide bay windows,
fading into another life, stitching
my body into the body of Home-
coming Queen, rising, stretching
my white body, in my white underwear,
sprawled on white sheets, the white light
of the sun shining through white linen
drapes, beyond which white clouds
are punctured by a white god
stretching his white arm from
out a white sky, while a white
limousine waits at my door.

Der Babysitter Club

Auf Tiffany getauft zu sein,
auf Kimberly, ein Kind träumt
in der Sprache der weißen Suburbia,
betet in Clarissas breiten Erkerfenstern,
verblasst in ein anderes Leben, näht
meinen Körper in den der Home-
Coming-Queen, erhebt mich, streckt
meinen weißen Körper, in meiner weißen Unterwäsche
auf weiße Laken gebreitet, das weiße Licht der Sonne
scheint durch das weiße Leinen
der Vorhänge, jenseits von ihnen weiße Wolken,
durchbrochen von einem weißen Gott,
der seinen weißen Arm
aus dem weißen Himmel streckt, während vor meiner Tür
eine weiße Limousine wartet.

HJB

TRICHOTILLOMANIA

We found something crouching behind your bed,
it grunted when approached, sang a severed song,
a dead thing clinging to life, a mass of knots,
born of fibre, torn from blood vessels, dry to the touch.

When it stood, it was the height of a shrill scream,
we asked its name, it said your name.

In the garden we set fire to it, it burned quickly,
made a neonatal sound, left behind the perfume
of scorched sulphur. Was it yours?

Trichotillomanie

Wir fanden etwas kauernd zwischen Bett und Wand,
es grunzte, als wir näher kamen, sang ein abgehacktes Lied,
ein totes Ding, das sich ans Leben klammerte, eine Masse Knoten,
aus Fasern geboren, verklumpt, trocken in der Hand.

Aus Blutgefäßen gerissen, hatte es aufrecht die Höhe von einem schrillen
Schrei, wir fragten nach seinem Namen, es nannte deinen.

Im Garten zündeten wir es an, es brannte schnell,
machte das Geräusch eines Neugeborenen, ließ den
Geruch von angesengtem Schwefel zurück. Hat es dir gehört?

HJB

BLESS THIS HOUSE

Mother says there are locked rooms inside all women.
Sometimes, the men—they come with keys,
and sometimes, the men—they come with hammers.

Nin soo joog laga waayo, soo jiifso aa laga helaa,
A man who won't listen to words, will listen to action.
I said *Stop,* I said *No* and he heard nothing.

Perhaps she has a plan, perhaps she takes him back to hers.
Perhaps he wakes up hours later in a bathtub full of ice,
dry mouth, flinching at his new, neat incision.

I point to my body and say *Oh, this old thing? No, I just slipped it on.*

Are you going to eat that? I say to my mother, pointing
to my father on the dining room table, mouth stuffed with a red apple.

The bigger my body is, the more locked rooms I find. The more men
    queue at the door. Ahmed didn't push it all the way in, I still think
    about what he could have opened up inside of me. Ali hesitated at
    the door for three years. Johnny with the blue eyes came with a bag
    of tools he'd used on other women: one hairpin, a bottle of bleach, a
    switchblade and a jar of Vaseline. Yusuf called out God's name
    through the keyhole and no one answered.

Segne dieses Haus

Mutter sagt, in allen Frauen gebe es verschlossene Zimmer.
Manchmal kommen Männer – mit Schlüsseln,
und manchmal kommen Männer – mit Hämmern.

Nin soo joog laga waayo, soo jiifso aa laga helaa,
Ein Mann, der nicht auf Worte hört, hört auf Taten.
Ich sagte *Stopp*, ich sagte *Nein*, und er hörte nichts.

Vielleicht hat sie einen Plan, vielleicht nimmt sie ihn mit zu sich.
Vielleicht erwacht er Stunden später in der Badewanne voll Eis,
mit trockenem Mund, blickt auf seinen neuen, sauberen Einschnitt.

Ich zeige auf meinen Körper und sage, *Oh, das alte Ding? Nein, ich
habe es gerade übergestreift.*

Isst du das noch?, sage ich zu meiner Mutter und zeige
auf meinen Vater auf dem Esszimmertisch, in seinen Mund einen
roten Apfel gestopft.

Je größer mein Körper, desto mehr verschlossene Zimmer finde ich.
Desto mehr Männer stehen vor der Tür. Ahmed hat ihn nicht ganz
hineingesteckt, ich denke immer noch, was er in mir hätte öffnen
können. Ali zögerte drei Jahre lang auf der Schwelle. Johnny mit den
blauen Augen kam mit einem Sack Werkzeuge, die er an anderen
Frauen ausprobiert hatte: eine Haarnadel, eine Flasche Bleichmittel,
ein Springmesser und ein Topf Vaseline. Yussuf rief den Namen
Gottes durchs Schlüsselloch, und keiner antwortete.

Some begged, some climbed up the side of my body like moss
looking for a way in. Some said they were on their way and never came.

Show us on the doll where you were touched, they said.
I said *I didn't look like a doll, I looked more like a house.*
They said *Show us on the house.*

Like this: two fingers down the drain.
Like this: a fist through the drywall.

My first found a trapdoor in my armpit, he fell in, hasn't been seen since.
Once in a while I feel a quickening, something small crawling up.
I might let him out. Maybe he's met the others—males
missing from cities or small towns and pleasant mothers,
who tricked and forced their way in.

Knock knock.
Who's there?
No one.

At parties I point to my body and say
Oh, this old thing? This is where men come to die.

Einige bettelten, einige bestiegen die Seiten meines Körpers wie Moos
und suchten nach einem Eingang. Andere sagten, sie seien unterwegs,
kamen aber nie.

Zeig uns an der Puppe, wo du angefasst wurdest, sagten sie.
Und ich sagte, *Ich sah nicht aus wie eine Puppe, eher wie ein Haus.*
Sie sagten, *Zeig es uns am Haus.*

Etwa so: zwei Finger in den Abfluss.
Etwa so: eine Faust durch die Rigipswand.

Mein Erster fand eine Falltür unter meiner Achsel, er fiel hinein, wurde
    niemals mehr gesehen.
Manchmal spüre ich, wie sich etwas rührt, etwas Kleines hochkriecht.
Ich könnte ihn herauslassen. Vielleicht ist er auf die anderen gestoßen –
    Männer,
die in Städten und Dörfern von netten Müttern vermisst werden,
die mit List und Zwang sich Zutritt verschafften.

Klopf, klopf.
Wer da?
Niemand.

Auf Partys zeige ich auf meinen Körper und sage
Oh, das alte Ding? Hierhin kommen Männer, um zu sterben.

HJB / CM

ANGELA BASSETT
BURNING IT ALL DOWN

That year, the wives in my family packed secret suitcases,
eyed the front door, fumbled with lighter fluid.

One stabbed her man in the groin, said
the look of disbelief in his eyes made it worth it.

Bitches' Hysteria the men called it.
Natural response the women named it.

Mother did not snap, instead she stretched, watching yeast ferment,
instead she busied herself with the process of preserving meat.

For years I've watched from the corner of my eye,
willing her to burn it all down.

In 1995, the film Waiting to Exhale *was released on VHS.*

Angela Bassett
brennt alles nieder

In jenem Jahr packten die Ehefrauen meiner Familie im Geheimen
   die Koffer,
behielten die Wohnungstür im Auge, hantierten mit
   Feuerzeugbenzin.

Eine stach ihrem Mann ein Messer in die Leiste, sagte,
der Ausdruck vollkommener Ungläubigkeit in seinen Augen sei's
   wert gewesen.

Hysterische Biester schimpften die Männer,
Natürliche Reaktion nannten es die Frauen.

Mutter drehte nicht durch, stattdessen streckte sie sich, behielt die
   aufgehende Hefe im Auge,
stattdessen beschäftigte sie sich mit dem Konservieren von Fleisch.

Jahrelang beobachtete ich sie aus dem Augenwinkel,
ersehnte, dass sie alles niederbrennt.

HJB

1995 wurde der Film Waiting to Exhale (Warten auf Mr. Right) *auf VHS
veröffentlicht.*

BLESS THE BLOOD

Sofia used pigeon blood on her wedding night.
Next day, over the phone, she told me
her husband smiled when he saw the sheets,

how he gathered them under his nose,
closed his eyes and dragged his tongue over the stain.
She mimicked his baritone, how he whispered

her name—Sofia,
pure, chaste, untouched.
We giggled over the static.

After he praised her, she smiled, rubbed his head,
imagined his mother back home parading blood-
soaked sheets through the town,

waving at balconies, swollen with pride,
arms fleshy wings bound to her body,
ignorant of flight.

Segne das Blut

In ihrer Hochzeitsnacht brachte Sofia Taubenblut zum Einsatz.
Am Tag danach erzählte sie mir am Telefon,
ihr Mann habe gelächelt, als er die Laken sah,

wie er sie unter der Nase raffte,
die Augen schloss und mit seiner Zunge über den Fleck streifte.
Sie ahmte seinen Bariton nach, sein Flüstern

ihr Name – Sofia,
rein, keusch, unberührt.
Unser Kichern im Knistern der Leitung.

Nachdem er sie gepriesen hatte, lächelte sie, streichelte ihm den Kopf,
stellte sich vor, wie weit entfernt zu Hause seine Mutter mit blut-
getränkten Laken durch die Stadt marschierte,

stolzgebläht zu Balkonen winkte,
ihre Arme feiste an den Körper gefesselte Flügel,
unfähig zum Flug.

HJB

BURAANBUR

The woman in the centre whirls until the whites of her eyes shine, spinning endlessly inside a swarm of women who all resemble her mother. Her silk garbasaar falls exposing tight black curls, her earrings snap away tearing through both lobules, her skin is covered in beads of sweat, glitter scattered across her face like ghost ants. The women form a tighter circle around her flailing body, clapping until something comes loose, comes undone, until something makes itself known. Her molars are paved in gold, kohl bleeding down her cheeks. The women clap until they see tufts emerge from her shoulder blades. The women chant *ii kacay, dhiigaa ii kacay, it's rising, the blood is rising.* Bless the catheter sting of womanhood. She begins to blur, almost breaking into light, her foot a beak hammering the ground, a thousand inkaar erased. Adorned in gold, my mother the child bride sits to the side, unsmiling, unbreathing.

Buraanbur

Die Frau in der Mitte wirbelt, bis das Weiße ihrer Augen leuchtet, dreht sich endlos in einem Schwarm von Frauen, die alle ihrer Mutter ähneln. Ihr Seiden-Garbasaar fällt und gibt den Blick auf dichte schwarze Locken frei, ihre Ohrringe brechen ab und reißen durch beide Ohrläppchen, ihre Haut ist mit Schweißperlen bedeckt, Glitzer ist wie Geisterameisen über ihr Gesicht verstreut. Die Frauen bilden einen engeren Kreis um ihren fuchtelnden Körper, klatschen, bis sich etwas löst, etwas aufgeht, bis sich etwas zu erkennen gibt. Ihre Backenzähne sind mit Gold gepflastert, Kajal blutet über ihre Wangen. Die Frauen klatschen, bis sie Büschel aus ihren Schulterblättern aufsteigen sehen. Die Frauen singen *ii kacay, dhiigaa ii kacay, es steigt, das Blut steigt.* Gesegnet sei der Katheterstich der Weiblichkeit. Sie beginnt zu verschwimmen, bricht fast ins Licht, ihr Fuß ein Schnabel, der auf den Boden hämmert, tausend inkaar ausgelöscht. In Gold gekleidet sitzt meine Mutter, die Kindsbraut, am Rand, ohne zu lächeln, ohne zu atmen.

MA

TESTAMENT
Testament

TO SWIM WITH GOD

We're practising back strokes at the local swimming pool
when I think of Kadija, how her body must've felt
as it fell from the twenty-fourth floor.

The instructor tells us the longest
a human being has held their breath underwater
is 22 minutes and 22 seconds. At home in the bath,
my hair swells to the surface, I stay submerged
until it burns, I think of everything I let slip through my fingers.

Inna lillahi Wa inna ilayhi Rajioon.

Hooyo says no one can fight it—
the body returning to God,
if it must, your body will leave without you.

To land face first, wearing a white cotton baati
hair untied and smoked with uunsi:
did Kadija believe she would float?

Schwimmen mit Gott

Wir üben Rückenschwimmen im nahe gelegenen Schwimmbad,
als ich an Kadija denke, wie ihr Körper sich angefühlt haben muss,
als er aus dem vierundzwanzigsten Stock stürzte.

Die Schwimmlehrerin erzählt uns, die längste Zeit,
die ein Mensch je unter Wasser den Atem angehalten hat,
wären 22 Minuten und 22 Sekunden. Zu Hause in der Badewanne,
quillt mein Haar zur Oberfläche, ich bleibe untergetaucht
bis es brennt, ich denke an all die Dinge, die ich mir durch die Finger
    rinnen ließ.

Inna lillahi Wa inna ilayhi Rajioon.

Hooyo sagt, niemand kann sich dagegen wehren –
gegen die Rückkehr des Körpers zu Gott,
wenn es sein muss, geht dein Körper auch ohne dich.

Sie landete mit dem Gesicht zuerst, trug ein weißes Baumwoll-Baati,
die Haare offen und mit Uunsi geräuchert:
hatte Kadija geglaubt, sie würde schweben?

MN

HER BLUE BODY FULL OF LIGHT

Can you believe I have cancer? Yosra asks,
a mug of tea between her hands,
almost laughing, hair cut close to her scalp.
I imagine the cancer auditioning
inside her body, tiny translucent slivers
of light weaving in and out of her abdomen
and uterus, travelling up and through her throat,
needle points of light, fireworks glimmering down, the body
burning into itself, deep sea blue inside
her body, her ribcage an aquarium,
the cancer spreading and spreading, deep space,
her throat a lava lamp, sparklers beneath breastbone—
a light show, a million tiny jellyfish, orchestral womb,
kaleidoscopic ovaries, disco ball heart,
her skin glowing and glowing,
lit from within.

Ihr blauer Körper voll Licht

Kannst du glauben, dass ich Krebs habe, fragt Yosra,
mit einer Tasse Tee in den Händen,
beinah lachend, die Haare dicht am Kopf geschoren.
Ich stelle mir vor, wie der Krebs in ihrem Körper
vortanzt, winzige durchscheinende Lichtstrahlen,
winden sich in und aus ihrer Bauchhöhle
und Gebärmutter, wandern ihren Hals hinauf und hinaus,
Nadelspitzen aus Licht, Feuerwerke, die herabflimmern,
der Körper brennt in sich hinein, innen tiefseeblau,
ihr Brustkorb ein Aquarium,
der Krebs breitet sich weiter und weiter aus, Weltenraum,
ihr Rachen eine Lavalampe, Wunderkerzen unter dem Brustbein –
ein Lichtspektakel, eine Million winzige Medusen, orchestraler Mutterleib,
kaleidoskopische Eierstöcke, Discokugelherz,
ihre Haut glüht und glüht,
von innen erleuchtet.

MN

BLESS OUR BLUE BODIES

I have dreamed of you suspended
in amniotic fluid, your hair fanned
out and alive, long again, before the cancer.
Undying, our movements synchronised,
us, tied together at the navel,
umbilical cord and all its length tugging
at me, far as it might extend. Gregory Porter climbing
through *there will be no love that's dying*
here—his voice, and how it soothes you from
beyond the distant wall of this maybe womb,
the faint rhythm of a larger heart
above.

Segne unsere blauen Körper

Ich habe von dir geträumt, schwebend
im Fruchtwasser, dein Haar aufgefächert
und lebendig, wieder so lang wie vor dem Krebs.
Unvergänglich, unsere Bewegungen synchron,
wir, am Nabel zusammengebunden,
die ganze Länge der Schnur zerrt
an mir, so weit sie reicht. Gregory Porter klimmt durch
there will be no love that's dying
here – seine Stimme, und wie sie dich beruhigt,
jenseits der fernen Wand, die vielleicht zum Mutterleib wird,
der schwache Rhythmus eines größeren Herzens
oben.

MA

EARTH TO YOSRA

Come in, can you hear
me? I still dream of you
every night since, in these
dreams I pick up the phone
to call you, Earth to Yosra.

Is death a gauzy dream,
can you see us?
Is it scientific, deep
space, deep sea? Are you
alright? Remember
when we'd eat chips
soaked in vinegar at pebble
beach, my fingers in your hair,
wrapping strands around
my index finger, over and
over, watching the water do
what only the water can.

Earth to Yosra,
Yosra to Earth.

Erde an Yosra

Bitte melden, kannst du mich
hören? Seither träume ich
jede Nacht von dir, in diesen Träumen
greife ich zum Telefon,
um mit dir zu sprechen, Erde an Yosra.

Ist der Tod ein Traum aus Gaze,
kannst du uns sehen?
Ist es Wissenschaft, Welt-
raum, Tiefsee? Geht es dir
gut? Erinnerst du dich, wie wir
in Essig getränkte Pommes am Kiesstrand
aßen, meine Finger in deinem Haar,
ich wickelte die Strähnen
um meinen Zeigefinger,
wieder und wieder, und sah
dem Wasser zu bei dem,
was nur das Wasser kann.

Erde an Yosra,
Yosra an Erde.

HJB

VICTORIA IN ILLIYIN

Our Victoria growing gills in paradise, arms outstretched
in joy, wading in rivers of warm milk, swimming with the lost
babies of Eden, back strokes in the streams of heaven.
Our Victoria, gently carried out of the water on the shoulders
of angels, tenderly placed on the upturned palm of God.
Blessings to our sweet Victoria, rewarded with 72 devoted mothers
who delicately dry her small body with wool softer than skin.

Victoria Climbié (1991–2000) was an Ivorian child raised away from her parents by extended family. She was tortured and murdered by her great-aunt and great-aunt's boyfriend in a London flat. She died aged 8 with 128 injuries on her body.

Victoria in Illiyin

Unserer Victoria wachsen Kiemen im Paradies, die Arme ausgestreckt
vor Freude, watet sie durch Flüsse warmer Milch, schwimmt mit den
  verlorenen
Babys Edens, Rückenschwimmen in den Strömen des Himmels.
Unsere Victoria, sanft aus dem Wasser getragen auf den Schultern
von Engeln, liebevoll auf die nach oben gerichtete Handfläche Gottes gelegt.
Segenswünsche unserer süßen Victoria, reich belohnt mit 72 treusorgenden
  Müttern,
die ihren kleinen Körper behutsam abtrocknen mit Wolle weicher als Haut.

MN

Victoria Climbié (1991–2000) war ein ivorisches Mädchen, das getrennt von den Eltern, bei Verwandten aufwuchs. Es wurde von seiner Großtante und deren Partner in einer Londoner Wohnung gefoltert und umgebracht. Victoria starb im Alter von 8 Jahren mit 128 Verletzungen.

GRIEF HAS ITS BLUE HANDS
IN MY HAIR

She sleeps all day,
dreams of you in both worlds,
tills the blood in and out of her uterus,
wakes up smelling of zinc.

Grief sedated by orgasm,
orgasm heightened by grief.

God was in the room
when the man said to the woman
I love you so much wrap your legs
around me pull me in pull me in pull
me in pullme in pull mein
pullmein.

It smelled like flowers the last time she
buried the friend with the kind eyes.
The last time she buried her face
into his mattress, frangipani.

Her hips grind,
pestle and mortar,
cinnamon and cloves.
Whenever he pulls out:
loss.

Trauer steckt ihre blauen Hände
in mein Haar

Sie verschläft den Tag,
träumt in beiden Welten von dir,
siebt das Blut, ein und aus, durch den Uterus,
erwacht und riecht nach Zink.

Trauer, von Orgasmen sediert,
Orgasmen, von Trauer erhöht.

Gott war im Zimmer,
als der Mann zur Frau sprach
Ich liebe dich so sehr schling deine Beine
um mich zieh mich hinein zieh mich hin
zieh mich ein zieh mich in michein
michein.

Als sie das letzte Mal den Freund mit den gütigen Augen
begrub, duftete es nach Blumen.
Das letzte Mal, als sie ihr Gesicht
in seiner Matratze vergrub, nach Frangipani.

Ihre Hüften mahlen,
Stößel und Mörser,
Zimt und Nelken.
Immer wenn er zurückzieht:
Verlust.

HJB

BLESS THE GUN TOSSED INTO A RIVER

AFTER ›FREEDOM OF LOVE‹ BY ANDRÉ BRETON

My brother with a fistfight for a mouth,
with teeth a row of innocent men waiting to die,
with fingers of lit spliffs sparking amber.

My brother with the throat of a gun tossed into a river,
and a bag of ice for a father, skin the colour of a
Crimewatch reconstruction, a tongue of prolonged grief.

My brother with the heart of a knife dashed into the river,
with teeth capped like the life spans of his closest friends,
with the manic laughter of a fever dream.
                                        My brother

with eyes like gashes bleeding in the dark,
whose prison letters I memorised like surah,
like song.

Segne den in den Fluss
geworfenen Revolver

NACH ANDRÉ BRETONS »DIE FREIHEIT DER LIEBE«

Mein Bruder mit dem Faustkampf zum Mund,
mit Zähnen wie eine Reihe Unschuldiger, die den Tod erwarten,
mit Fingern aus brennenden, bernsteinsprühenden Spliffs.

Mein Bruder mit der Kehle von einem in den Fluss geworfenen Revolver
und einem Eisbeutel als Vater, die Hautfarbe wie in nachgestellten
XY-Ungelöst-Szenen, eine Zunge hinausgezögerter Trauer.

Mein Bruder mit dem Herzen eines in den Fluss geschleuderten Messers,
mit Zahnkronen wie die Lebensspanne seiner engsten Freunde,
mit dem manischen Lachen eines Fiebertraums.
                                        Mein Bruder

mit Augen wie im Dunkeln blutende Schlitze,
dessen Gefängnisbriefe ich auswendig lernte wie eine Sure,
wie ein Lied.

HJB

BARWAAQO

Hooyo is young again
breath of sweet guava
oud-scented, turmeric
glow, soft as ripe mango,
reclining on rooftops of silk,
desert flowers tucked in her hair,
Killer singing softly about love and fate,
mist draped over her bare, brown knees,
a war-mottled future blown away into space.

Barwaaqo

Hooyo ist wieder jung,
Atem von süßer Guave,
nach Oud duftend, Kurkuma-
Schimmer, weich wie reife Mango,
zurückgelehnt auf Dächern aus Seide,
Wüstenblumen in ihrem Haar,
Killer singt sanft von Liebe und Schicksal,
Nebel über ihre nackten, braunen Knie gehüllt,
eine kriegserschütterte Zukunft, in den Weltraum verweht.

MA

BLESS GRACE JONES

Holy Mother of those deemed intimidating,
patron saint of the unapproachable,
saviour of those told to soften their expression.

Our lady of uncomfortable silences,
Dame Grace Jones, your daughters
(damn their insomnia) turn in their dreamless sleep,
a legion of women flinching at touch.
Fortify them.

Monarch of the last word,
darling of the dark, arched brow,
we bless you, queen of the cut eye.

We lay our burdens at your feet,
careful not to weigh you down,
                from you, we are learning
to put ourselves first.

Segne Grace Jones

Heilige Mutter aller, die als bedrohlich gelten,
Schutzpatronin der Unnahbaren,
Retterin aller, von denen Mäßigung im Ausdruck gefordert wird.

Unsere Frau des unbequemen Schweigens,
Herrin Grace Jones, deine Töchter
(ihre Schlaflosigkeit sei verflucht) drehen sich in ihrem traumlosen Schlummer,
eine Legion von Frauen, die bei Berührung zurückzucken.
Gib ihnen Kraft.

Königin des letzten Wortes,
Schatz der dunklen erhobenen Braue,
wir segnen dich, Königin, deren Blicke töten.

Wir legen unsere Mühsal dir zu Füßen,
vorsichtig, wir wollen dir keine Last sein,
                              von dir lernen wir
zuerst an uns zu denken.

HJB

NAIL TECHNICIAN AS PALM READER

The nail technician pushes my cuticles
back, turns my hand over,
stretches the skin on my palm
and says, I see your daughters
and their daughters.

That night, in a dream, the first girl emerges
from a slit in my stomach. The scar heals
into a tight smile. The person I love pulls
the stitches out with their fingernails, black sutures
curling on the side of the bath.

I wake as the second girl crawls
head first up my throat—
a flower, blossoming
out of the hole in my face.

Nageldesignerin als Handleserin

Die Kosmetikerin schiebt meine Nagelhaut
zurück, dreht meine Hand um,
glättet die Haut auf der Innenseite
und sagt, ich sehe deine
wie auch deren Töchter.

In der Nacht erscheint mir im Traum das erste Mädchen,
aus einem Schlitz im Bauch. Die Narbe heilt
zu einem schmalen Lächeln. Die Person, die ich liebe, zieht
mir die Stiche mit den Fingernägeln heraus, schwarze Nähte
kringeln sich am Badewannenrand.

Ich erwache, das zweite Mädchen kriecht
kopfvoran meine Kehle hoch –
eine Blume, sie blüht
aus dem Loch in meinem Gesicht.

HJB

Anhang

Glossar

Aabo: Father / *Vater.*
Abti: Uncle / *Onkel.*
Alhamdulillah: Glory be to God / *Lob sei Gott.*
Ayeeyo: Grandmother / *Großmutter.*
Azrael: The angel of death / *Der Todesengel.*
Baati: Somali house dress / *Somalisches Alltagskleid.*
Barwaaqo: Utopia / *Utopie.*
Buraanbur: A traditional poetic form composed by Somali women, accompanied by dance and drumming, performed as a celebration / *Eine traditionelle, von Somalierinnen verfasste Gedichtform, die, von Trommeln und Tanz begleitet, bei einer Feier aufgeführt wird.*
Crimewatch: British television programme that reconstructs major unsolved crimes in the UK / *Britische Fernsehserie, in der wie bei XY-Ungelöst unabgeschlossene Kriminalfälle rekonstruiert werden.*
Dahabshiil: Africa's largest money transfer company, Somali owned / *Afrikas größtes Geldüberweisungsinstitut, in somalischem Besitz.*
Diraac: Somali silk dress / *Somalisches Seidenkleid.*
Duaa: Prayer to God / *Gebet zu Gott.*
Garbasaar: Somali silk shawl / *Somalischer Seidenschal.*
Haram: Forbidden / *Verboten.*
Home Office: Department of government responsible for immigration / *Einwanderungsbehörde.*
Hooyo: Mother / *Mutter.*
Iftiin: Bright light / *Helles Licht.*
Il: Evil eye in Somali culture / *In der somalischen Kultur das »böse Auge«.*
Illiyin: Supreme paradise, highest level of heaven / *Das höchste Paradies, die höchste Stufe des Himmels.*
Inkaar: A curse / *Ein Fluch.*

Inna lillahi Wa inna ilayhi Rajioon: To God we belong, to God we return / *Zu Gott gehören wir, zu Gott kehren wir zurück.*

Israfil: The angel who blows into the trumpet to signal the day of judgement / *Der Engel, der mit seiner Posaune das Jüngste Gericht ankündigt.*

Istagfi rullah: God forgive me / *Gott vergebe mir.*

Jazeera Beach: Beautiful beach in Mogadishu / *Wundervoller Strand in Mogadischu.*

Kaaba: Rests within the Great Mosque of Mecca, represents the metaphorical house of God / *Stellt im Innenhof der Heiligen Moschee in Mekka das Haus Gottes dar.*

Killer: Ahmed Shariif Killer, late Somali singer / *Verstorbener somalischer Sänger.*

Maghrib: Dusk prayer / *Abendgebet.*

Magool: The late Xalimo Khaliif Magool, Somali musician / *Der verstorbene Xalimo Khaliif Magool, somalischer Musiker.*

Olm: Cave salamander / *Höhlenbewohnende Lurche.*

Oud: Fragrant incense / *Duftendes Räucherwerk.*

Qaxwo: Spiced Somali coffee / *Somalischer Kaffee mit Gewürzen.*

Qibla: The direction faced in prayer / *Die Richtung der Gebetshaltung.*

Qumayo: A cruel person / *Eine grausame Person.*

Salaams: Islamic greetings / *Islamischer Gruß.*

Hassan Aden Samatar: Somali musician / *Somalischer Musiker.*

Sharmuto: Slut / *Schlampe.*

Small bodies: Meteoroids, asteroids, minor planets and comets found throughout the solar system / *Meteoriten, Asteroiden, Kleinplaneten und Kometen, die überall im Sonnensystem zu finden sind.*

Soo bari, aabo: Good night, Father / *Gute Nacht, Vater.*

Stibnite: Sulphide mineral used to make kohl / *Sulfit, das zur Herstellung von Kajal verwendet wird.*

Surah: Chapter of Quran / *Abschnitt des Korans.*

Surah Al Baqarah: Surah from the Quran to ward off evil / *Sure aus dem Koran zur Abwendung des Bösen.*

Suuqa Bakaaraha: Open market in Mogadishu / *Markt in Mogadischu.*

Tahlil: Water blown into after reciting verses from Quran / *Wasser, über das nach der Rezitation von Koran-Versen geblasen wird.*

Trichotillomania: A disorder that involves recurrent, irresistible urge to pull out body hair / *Ein Verhaltensstörung, die aus dem unwiderstehlich sich ständig wiederholende Zwang besteht, sich die eigenen Haare an Kopf und Körper herauszureißen.*

Type 4: Hair type—tight perfectly coiled strands / *Ein Afrohaar-Typ; sehr kleine dichte Locken.*

Uunsi: Somali incense / *Somalischer Duft.*

Walahi: I swear to God / *Ich schwöre bei Gott.*

Eine Melodie für den Schmerz

Mein Kopf ist voll und leer, beides zugleich, es ist erstaunlich. Ich freue mich auf den Frühling, und: Ein weinender Vater, wehrpflichtig, verabschiedet sich von seiner kleinen Tochter. Mein jüngster Sohn hatte gerade sein erstes Probetraining in einem Basketball-Verein, und: Eine mutige Frau, Zivilistin, beschimpft einen schwer bewaffneten Soldaten. Es ist auf den Tag genau ein Jahr her, seit mein Debütroman veröffentlicht wurde, und: Tausende demonstrieren auf der Straße gegen ihren autoritären Präsidenten. Ich versuche diesen Text zu schreiben, und: Ich versuche Worte für einen unbestimmten Schmerz zu finden. Mir fallen hin und wieder Fetzen ein, aber nichts von Bestand.

Und folgendes Zitat kommt mir in den Sinn:

later that night	später in der nacht
I held an atlas in my lap	hielt ich einen atlas in meinem
ran my fingers across the whole	schoß
world	fuhr mit den fingern über die
and whispered	ganze welt
where does it hurt?	und flüsterte
it answered	wo tut es weh?
everywhere	die antwort:
everywhere	überall
everywhere	überall
	überall
	(meine Übersetzung)

Diese Zeilen entstammen dem allerersten Gedicht, das ich von Warsan Shire gelesen habe: »What They Did Yesterday Afternoon« (»Was sie gestern Nachmittag getan haben«). Tatsächlich wurde es anlässlich eines anderen Krieges geschrieben; andere Tränen, in einer anderen Zeit. Heute lese ich die Zeilen und denke, sie haben an Aktualität nichts verloren.

Immer wieder, wenn schreckliche Ereignisse die Nachrichten beherrschen, beispielsweise nach einem Bombenattentat oder einem terroristischen Anschlag, kursieren in den sozialen Medien Gedichte von Shire. »What They Did Yesterday Afternoon« las ich zum ersten Mal 2015, nach dem tödlichen Angriff auf *Charlie Hebdo*, der Pariser Satirezeitschrift. Ebenfalls 2015, in einem Aufruf zur Solidarität mit Menschen, die vor dem Krieg in Syrien flüchteten, zitierte der britische Schauspieler Benedict Cumberbatch:

Niemand verlässt sein Zuhause, es sei denn Zuhause ist das
Maul eines Haifischs.
(S. 25)

Besonders ergreifend waren diese Worte für viele Menschen, die das weltweit berühmte Foto von Nilüfer Demir gesehen hatten, auf dem der dreijährige Alan Kurdi, bekleidet nur mit einem roten T-Shirt und blauen Shorts, leblos am Strand lag.
Wo tut es weh?
Und vor allem: Wem tut es weh? Vor einiger Zeit wurde ein Schwarzer Mann vor laufender Kamera von einem weißen Polizisten ermordet. Eine Welle der Empörung ging durch die Welt, und für einen vergänglichen Moment standen das Leben, die Perspektiven, die Kämpfe, die Sehnsüchte und die Errungenschaften Schwarzer Menschen im Mittelpunkt. Es war in dieser Zeit, ich nenne sie inzwischen den »Black-Lives-Matter-Sommer« 2020, da ich erfuhr, dass Warsan Shire bald ihren langersehnten, ersten vollständigen Gedichtband veröffentlichen würde. Es bestehe die Möglichkeit, dass die neue Sammlung in deutscher Übersetzung erscheinen könnte. Ob ich bereit wäre, das Nachwort dafür zu schreiben? Ich habe sofort zugesagt.
Warsan Shire ist Teil einer Generation junger Lyriker*innen, die durch die Veröffentlichung ihrer Gedichte im Internet, vor allem auf Tumblr, bekannt wurden. Dazu gehören unter anderem Vanessa Kisuule, Rupi Kaur, Kate Tempest, Nayyirah Waheed, Brian Bilston, Hera Lindsay Bird und Ysra Daley-Ward. Nachdem sie im Alter von 15 Jahren an ihrem ersten Lyrik-Workshop teilgenommen hatte,

wurde Shire von Schriftsteller*innen wie Bernardine Evaristo und Nii-Ayikwei Parkes begleitet und gefördert. Es war Parkes, der Gründer und Herausgeber des unabhängigen Verlags *flipped eye publishing,* der später ihr erstes Chapbook »Teaching My Mother How to Give Birth« veröffentlichte. Shire war zu dieser Zeit gerade einmal 23 Jahre alt. Allerdings kennen viele Menschen den Namen Warsan Shire erst seit ihrer Zusammenarbeit mit der Sängerin Beyoncé. Auf »Lemonade«, ein 2016 erschienenes, faszinierendes, visuelles Album in Spielfilmlänge, rezitiert Beyoncé zwischen ihren Liedern Verse von Shire. Binnen wenigen Stunden nach der Veröffentlichung des Albums war das Chapbook ausverkauft und Shire selbst über Nacht zum Star geworden. Doch sie ließ sich nicht davon beirren, sondern widmete sich still und leise der langen, geduldigen Arbeit an ihrem ersten vollständigen Gedichtband.

Der Sommer 2020 gehört, gefühlt, in ein anderes Jahrzehnt. Doch die Gedichte von Warsan Shire sind in ihren schillernden Tönen da. Sie sind da. Und das Warten hat sich gelohnt. In der englischsprachigen Originalausgabe, »Bless the Daughter Raised by a Voice in Her Head« (»Segne die Tochter, die von einer Stimme in ihrem Kopf erzogen wurde«), werden nicht nur weitere Worte für den Schmerz zusammengetragen, sondern sie ergeben in ihrer einzigartigen Komposition eine wunderschöne Melodie: mal tröstend, mal provokativ, immer schmerzhaft ehrlich. Ich werde niemals müde, die Worte von Warsan Shire wieder und wieder und wieder zu lesen. Aus eigener Erfahrung weiß ich, wie anspruchsvoll es sein kann, Gefühle und Eindrücke von einer Sprache in eine andere zu transportieren. Und da es darüber hinaus um so schwerwiegende Themen geht, wie die, die Warsan Shire in ihrer Poesie aufgreift, musste ich mich beim Lesen doch fragen, wie es gelingen könnte, ihre so dringliche Botschaft in die deutsche Sprache zu übertragen?

*

Ich schreibe. Ich schreibe mir, ich schreibe dir. Ich schreibe, um mich zu finden, um zu verstehen, um mein Sein begreifen zu können. Um mich frei zu machen und um mich einzufangen. Ich streife die Oberflächen meiner Erfahrungen und erkenne die

Dichtungen meiner Tiefen. Ich schreibe, weil es drängt, weil es mich bestärkt, weil es mich rührt. Ich schreibe und gleite über dem, was mich bestimmt, über die Worte, die meine Seele wählt, über Jahre, über den Verlust, über das Finden und Wahrwerden. Beginnend, schließend, verwundet, wunderbar. Vor zehn, fünf, zwei Jahren. Gestern. Heute. Lebendig und wirklich, vergangen und bestehend. Mir selbst darin zu begegnen. Ich schreibe, um zu sein, um bei mir zu sein. Ich schreibe, um zu sein, um mit dir zu sein.

(aus: »Die Haut meiner Seele« von Muna AnNisa Aikins, S. 14)

So lauten einige Zeilen aus dem ersten Buch einer auf Deutsch schreibenden Lyrik- und Prosa-Autorin, die Ähnliches wie Warsan Shire erlebt hat und für ähnliche Erfahrungen nach einer Sprache sucht. Und findet. »Die Haut meiner Seele« von Muna AnNisa Aikins wurde 2021 für den BücherFrauen-Literaturpreis nominiert. Zusammen mit Mirjam Nuenning, freiberuflicher Übersetzerin für englischsprachige afrodiasporische Literatur, und Hans Jürgen Balmes, Lektor für internationale Literatur und Lyrik-Übersetzer, ist ein Team entstanden, das eine langjährige Begeisterung für die Arbeit Warsan Shires besitzt; das die nötige Expertise und Erfahrung zusammenbringt; und das der Herausforderung, die Gedichte Warsan Shires für deutschsprachige Lesende zugänglich zu machen, mehr als gerecht geworden ist. Denn die Sprache Warsan Shires ist schonungslos:

We're practising back strokes at the local swimming pool
when I think of Kadija, how her body must've felt
as it fell from the twenty-fourth floor.
(S. 112)

Diese scheinbar einfachen Zeilen, die so unschuldig beginnen, eröffnen eine gesamte traumatische Erfahrungswelt. Die deutsche Sprache braucht oft mehr Silben, und noch dazu manchmal Artikel, manchmal muss ein grammatikalisches Geschlecht gewählt werden, um denselben Gedanken aus dem Englischen zum Ausdruck zu bringen. Wann kann ein Gerundium als deutsches Partizip wiedergegeben werden, um Warsan Shires Englisch treu zu bleiben? Wann klingt das antiquiert? Und die Vergangenheitsformen: Imperfekt oder Perfekt? Warsan Shires knappe, brutale Sprache auf Deutsch zu übertragen, ist eine Kunst:

Wir üben Rückenschwimmen im nahe gelegenen Schwimmbad, als ich an Kadija denke, wie ihr Körper sich angefühlt haben muss, als er aus dem vierundzwanzigsten Stock stürzte.
(S. 113)

Als ich dieses Gedicht zum ersten Mal las, musste ich sofort an den tragischen, durch kriminelle Fahrlässigkeit verursachten, Großbrand im Londoner Grenfell Tower im Jahr 2017 denken. Unter den 72 Toten befand sich auch die 24-jährige Khadija Saye, eine talentierte und vielversprechende Künstlerin, deren Werke zu dieser Zeit auf der Biennale in Venedig ausgestellt wurden und die kurz vor dem Durchbruch in der Kunstwelt zu stehen schien. Wie genau Khadija Saye starb ist nicht bekannt. Tatsächlich sind aber viele Menschen aus dem brennenden Wohnblock gesprungen. Eine Vorstellung, die mir seit dem Brand nie gänzlich aus dem Kopf gegangen war, und durch Shires Textgeflecht mal anmutig, mal beklemmend sofort wieder in Erinnerung gerufen wurde.
Wie gelingt es Shire so furchtlos zu schreiben? Ein kurzer Blick auf ihre Biographie könnte uns Hinweise auf eine Antwort liefern.
Warsan Shire wurde 1988 in Kenia geboren, als Tochter somalischer Eltern, die vor politischen Repressionen in Somalia geflohen waren. Die Familie ließ sich 1989 in London nieder und bekam noch ein Kind, einen Sohn. Kurz darauf brach in Somalia der Bürgerkrieg aus. Binnen vier Monaten wurden in der Hauptstadt Mogadischu etwa fünfundzwanzigtausend Menschen getötet, mehr als zwei Millionen wurden obdachlos, und weitere anderthalb Millionen verließen das Land, darunter ein Großteil von Shires Familie. Viele ihrer Texte beruhen auf den Erfahrungen ihrer Verwandtschaft. In knappen Sätzen werden herzzerreißende Ereignisse der nicht allzu fernen Vergangenheit in den Mittelpunkt einer ansonsten recht bequemen

Gegenwart gestellt. Es geht um Mord, um Folter, um sexuelle Gewalt, um Kindesmissbrauch.

Stilistisch rufen Shires Gedichte Erinnerungen an somalische Storytelling-Traditionen auf, an die scheinbare leichte Art und Weise wie Frauen sensible Geschichten und Anekdoten miteinander austauschen, die ihre Kinder nicht verstehen sollen. Zum Beispiel:

> Mutter sagt, in allen Frauen gebe es verschlossene Zimmer.
> Manchmal kommen Männer – mit Schlüsseln,
> und manchmal kommen Männer – mit Hämmern.
> (S. 101)

Zeilen, die zu viele Frauen, die einen Krieg überlebt haben, ohne Weiteres verstehen. Frauen wie die Mutter von Shire. »Hooyo«, das Somali Wort für »Mutter«, kommt in sieben der Gedichte vor, doch nicht nur in diesen Gedichten wird die komplizierte Natur ihrer Mutter-Tochter-Beziehung deutlich. Im Interview erzählt Shire von ihrem Mitleid für ihre Mutter: »I've always had [compassion] but it's the strongest it's ever been now. Whenever I write about it, I come back to the fact that her childhood was like a horror film.« (»Ich hatte es schon immer, aber jetzt ist es so stark wie nie zuvor. Immer, wenn ich darüber schreibe, komme ich darauf zurück, dass ihre Kindheit wie ein Horrorfilm war.«) Ihre Gedichte sind eine Annäherung, ein Versuch, trotz aller Widrigkeiten, die eigene Mutter zu verstehen:

> Hooyo, Schutzpatronin von
> *meine Kinder haben andere Pässe als ich.*
> Hooyo, gesegnete Heilige von
> *sie viel zu weit weg von Zuhause aufziehen.*
>
> *Ich erkenne meine eigenen Kinder nicht wieder*
> *sie sprechen und träumen in der falschen Sprache*
> *was mich betrifft,*
> *könnten sie ebenso gut die Sprache der Vögel sprechen.*
> (S. 69)

In Gedichten wie »Fotografien von Hooyo« (S. 53), »Buraanbur« (S. 108) und »Barwaaqo« (S. 127) werden diese Bemühungen besonders deutlich, da Shire auf Bilder und Erinnerungen ihrer Mutter zurückgreift, die zum Teil bis in die Kindheit ihrer Mutter zurückreichen. Erinnerungen, die bestimmte Düfte und Melodien zusammen mit Beschreibungen von medizinischen Geräten und Andeutungen von Brutalität verbinden: »Gesegnet sei der Katheterstich der Weiblichkeit.« (S. 109)

Warsan Shire schreibt allgemein viel über spezifische weibliche Erfahrungen. In dieser Sammlung schöpft sie aber auch aus ihren Gesprächen mit männlichen Verwandten, zum Beispiel mit ihrem Onkel. »*Cidlada ka atkow, Abti*«, sagt sie ihm:

> … *sei stärker als deine Einsamkeit,*
> *Onkel,* bitter vor Tränen steigt vom qaxwo Dampf, vorsichtig
> rollt er Tabak von der Farbe seiner Hände.
> Er singt mit. Diesmal allein, immer allein.
> (S. 21)

Der Titel des Gedichts »My Loneliness is Killing Me« erinnert stark an das Lied »…Baby One More Time« von Britney Spears. In der deutschen Übersetzung ist diese Konnotation nicht mehr da. Vielleicht passt das aber auch gut. Ich weiß nicht, ob Britney Spears die gleiche kulturelle Bedeutung im deutschsprachigen Kontext hat oder haben kann. Für mich trägt das Gedicht eine Melancholie, die Ende der Neunziger überall in London zu spüren war: Es war die Hymne für jedes Schulmädchen mit gebrochenem Herzen, das davon träumte – das sich danach sehnte – eines Tages etwas Besseres zu werden. Das, was auf Deutsch bleibt, ist die blanke Wahrheit, ohne Umschweife: »Meine Einsamkeit bringt mich um.«

Das Shire früh Verantwortung für ihre Geschwister übernehmen musste, beeinflusste ihre Kunst sehr. Nach der Scheidung ihrer Eltern und einer zweijährigen Phase der Obdachlosigkeit, in der Shire und ihr Bruder eine Zeitlang aufhörten, die Schule zu besuchen, heiratete ihre Mutter erneut und bekam drei weitere Kinder. Shire sagte im Interview, dass ihre Mutter sich auf sie als »shift mother« (»Schicht-mutter«) verlassen habe. Sie zog ihre Geschwister also auf, kümmerte sich aber auch um die vielen traumatisierten Familienmitglieder, die dem Krieg in Somalia entkommen waren, besuchte die Schule und schrieb nebenbei Gedichte: »If I was gonna write«, sagte Shire im gleichen Interview, »I was gonna have to write in the middle of three screaming children, in the middle of cooking and cleaning and doing my schoolwork« (»Wenn ich schreiben wollte, musste ich inmitten von drei schreienden Kindern schreiben, inmitten von Kochen, Putzen und Aufgaben für die Schule«). Darum schrieb sie bei laufendem Radio oder Fernseher. »These are the places that I write: I write in the cinema, in the loudest coffee shop in the world ... I love when children are screaming, so now that I have kids, it's really inspiring! The more noise, the better!« – »Das sind die Orte, an denen ich schreibe: Ich schreibe im Kino, im lautesten Coffeeshop der Welt ... Ich liebe es, wenn Kinder schreien, und jetzt, wo ich selbst Kinder habe, ist das wirklich inspirierend! Je mehr Lärm, desto besser!«

Das erklärt vielleicht die Durchlässigkeit der Gedichte für Anspielungen aus der Popkultur. Von »Absolutely Fabulous«, dem Titel einer beliebten britischen Fernsehserie, bis zu »Are you there, God?«, der Hälfte des Titels des Jugendromans von der US-Amerikanischen Autorin Judy Blume: »Are You There, God? It's Me, Margaret«. Dies stellte das Übersetzungsteam vor interessante Herausforderungen. Manchmal wurde die Entscheidung getroffen, das Zitat oder den Titel ins Deutsche zu übersetzen. Doch wurde ein Liedtext manchmal auch in der deutschen Übersetzung des Gedichts auf Englisch belassen. Zum Beispiel bei dem Gedicht »Extreme Girlhood« (»Extreme Mädchenzeit«) ist es kaum möglich die Worte »at first I was afraid, I was petrified« zu lesen, ohne sofort Gloria Gaynors Stimme am Anfang des Lieds »I Will Survive« zu hören. Eine Übersetzung dieser Zeile ins Deutsche würde die Dynamik dieses Zitats völlig auflösen. Aber besonders die Zeilen, die mit Spiritualität angehaucht sind, und auf Somali oder Englisch poetisch klingen, benötigen auf Deutsch einen sorgfältigen Umgang. Die Überschriften »Bless Maymuun's Mind«, »Bless Our Blue Bodies«, »Bless Your Ugly Daughter« und »Bless the Ghost« rufen Assoziationen zu religiösen Formeln auf. Auf Deutsch schwingt die Frage, wer genau spricht dieses Segnen aus,

mit. Das Übersetzungsteam hat sich nicht auf eine Möglichkeit fest-
gelegt: Die Titel werden mit »Segne Maymuuns Verstand«, »Segne
unsere blauen Körper«, aber auch »Gesegnet sei deine hässliche
Tochter« und »Segen dem Gespenst« übertragen. In Shires Gedichten
werden jene Menschen verehrt, die üblicherweise keinerlei gesell-
schaftliche Anerkennung erhalten. Beim Lesen fühlt es sich zunächst
ironisch an, als würde sie sich auch noch über diese Personen lustig
machen. Doch die Sprachbilder sind rau, hart, unnachgiebig und al-
les andere als scherzend. Besonders die Gedichte »Segne die Quma-
yo« (S. 39) und »Segne die Sharmuto« (S. 93) zwingen die Lesenden,
genau hinzuschauen, obwohl es bestimmt bequemer wäre, den Blick
abzuwenden. Wie Muna AnNisa Aikins sagt: »Warsan schreibt Ge-
dichte, die verkörpern, was Menschen nicht tragen können.«

Sie anzurufen bedeutet den feuchten Atem
im Hintergrund zu hören, der den toten
Kindern Somalias folgt, ausgemerzt vom Krieg
und der weiß behandschuhten Hand Europas.
(S. 35)

Neulich erfuhr ich, wie frustrierend Warsan Shire es findet, dass Ge-
dichte von ihr meistens nur in einem bestimmten Kontext zitiert
werden: »I wrote those words for Black immigrants, and the most
I've ever seen those words used was when the immigrants and refu-
gees were lighter-skinned with lighter eyes.« – »Ich habe diese Worte
für Schwarze Migrant*innen geschrieben, aber diese Worte werden
meistens nur dann verwendet, wenn die Migrant*innen und Ge-
flüchteten eine hellere Haut besaßen und hellere Augen hatten.«

Wo tut es weh?
Mein Kopf ist voll und leer, beides zugleich, daran habe ich mich fast
gewöhnt. Es ist wieder Krieg. Und es ist weiterhin Krieg:

Niemand setzt seine Kinder in ein Boot, es sei denn das Wasser
ist sicherer als das Land.
(S. 23)

Wie beschämend, dass es diese so deutliche Aussprache überhaupt braucht. Wie erschütternd, dass diese Aussprache immer noch nicht ausreicht. Wie dankbar ich dennoch bin, dass Warsan Shire schreibt. Und dass sie, im Schreiben, eine Melodie für den Schmerz findet.

Sharon Dodua Otoo
24. Februar 2022

Siglen der Übersetzer*innen

Unter den Gedichten geben Siglen den Namen der jeweiligen Übersetzer*in an:

MA – Muna AnNisa Aikins

MN – Mirjam Nuenning

HJB – Hans Jürgen Balmes

HJB / CM – HJB gemeinsam mit Charlotte Milsch

Quellen

Einige Gedichten wurden bereits zuvor, oft in früheren Fassungen, veröffentlicht.

Aus *Teaching My Mother How to Give Birth* (the mouthmark series, 2011, flipped eye publishing) stammen *Gesegnet sei deine hässliche Tochter* (dort unter dem Titel *Ugly*), *Die Abubakr Mädchen sind anders* (Motive aus *Things We Had Lost in the Summer*),
Segne die Sharmuto (dort: *Beauty*), *Segne das Blut* (dort: *Birds*) und *Schwimmen mit Gott* (dort: *Trying to Swim with God*).

In Beyoncé's *Lemonade* wurden aufgenommen: *Unerträglich die Last zu bleiben*, *Segne den Mond* sowie *Nageldesignerin als Handleserin*.

Aus *Her Blue Body* (the flap series, 2015, flipped eye publishing) stammen: *Mitternacht im Gang für ausländische Lebensmittel*, *Rückwärts*, *Segne dieses Haus* (unter dem Titel *The House*), *Ihr blauer Körper voll Licht*, *Segne unsere blauen Körper* (*Our Blue Bodies*), *Trauer steckt ihre blauen Hände in mein Haar* (*Grief Has Its Blue Hands in Her Hair*). In dem Band findet sich Motive aus *Die Abubakr Mädchen sind anders* in *Mermaids*.

Dank

Unendlicher Dank an Jacob Sam-La Rose, Nii Ayikwei Parkes, Samar Hammam, Clara Farmer, Caitlin McKenna, Parisa Ebrahimi, Deborah Sun de la Cruz, Bernardine Evaristo, Nathalie Teitler, Kwame Dawes, Patience Agbabi, Kadija George, Pascale Petit, Nick Makoha, Malika Booker, Paola Splendore, Naomi Woddis, Leyla Jeyte, Roger Robinson, Saharla Abdulkarim, Karen McCarthy Woolf, Terrance Hayes, Ladan Abdirahman, Martha Adams, Inua Ellams, Be Ogunsanya, Kayo Chingonyi, Sheila Ruiz, Teju Cole, Mukhtara Yusuf, Nahel Tzegai, Effi Ibok, Bahia Watson, Beyoncé Knowles-Carter, Yvette Noel-Schure, Kwasi Fordjour, Yosra El-Essawy und Yomi Sode.
Unendliche Liebe gilt meiner Familie, meinen Freund*innen für ihre unermüdliche Unterstützung. Meinem Ehemann, Dank für deine Liebe, die mich stark gemacht hat. Meinen Kindern, Dank, dass ihr meine Welt leuchten lasst. Durch Euch ist mein Leben voller Freude.

ALL PRAISE DUE TO THE MOST HIGH.

Alle Ehre gebührt dem Allerhöchsten.